JN439584

24시 편의점

박길중 수필집

교음사

책머리에

첫 글 뭉치의 여정(旅程)

“아버지 날 낳으시고 어머니 나를 기르시니, 아! 슬프다. 부모님이시여!

나를 낳아 기르시느라 애쓰고 고생하셨도다. 그 깊은 은혜 갚고자 하나 넓은 하늘과 같아 끝이 없구나! 부모는 오직 그 자식이 병들까 걱정하신다.”(父兮生我 母兮鞠我 哀哀父母 生我劬勞 欲報深恩 昊天罔極. 父母唯其疾之憂)

서른 살 손녀에게 사탕이 되어주신 어머니, 아버지 이제 당신들은 이승에 안 계십니다. 잘 자라라고 기저귀 걷어주시고, 회초리 들어주시던 당신들의 기도, 그 도타운 사랑 뚜렷이 남겨놓고 다른 세상에 살고 계십니다. 일 년에 한 번씩 찾아뵙는 염치로 할 일 다 하는 것처럼, 평소에는 영영 잊고 삽니다.

때마침 자랑거리가 있어서 당신의 며느리와 함께 묘소를 다녀왔습니다. 어제였습니다. 그날 어리광부리며 퉁명스럽게 말을 좀 많이 했습니다. 또 죄를 짓고 말았습니다.

나의 글쓰기와 24시 편의점 운영은 기 싸움의 연속이다. 거기에 마라톤도 한몫을 거든다. 어느 한쪽이 기울어진 운동장이 되지 않기 위해 매일 불같이 싸운다. 일상의 행위가 먹고사는 문제에 부딪히면 사람도 동물이 될 수밖에 없다.

사자와 하이에나는 먹이 뺏어 먹기 싸움에서는 막상막하다. 그러나 애써 잡은 먹잇감을 표범은 하이에나에 쉽게 빼앗기고 만다. 허무하지만 어쩔 수 없다. 남의 것 가로채서 살아가는 동물이 하이에나다. 나의 글쓰기를 하이에나로 만들고 싶지는 않다.

최근 『불편한 편의점』이란 소설이 나왔다는데 왜 그런 제목을 달고서 나오게 되었는지 읽어보고 싶다.

글 밭의 草地, 물목으로 이끌어 주신 秋岩 강기재 선배님, 수비에 등단의 주추를 놓아주신 阿利 양미경 선배님, 백발의 송곳 고동주 지도교수님 그리고 이 책이 출간될 수 있도록 경남문화예술진흥기금에 애써 주신 이민호 선생님과 합평하며 맑은 정신 키워온 수필동인지 제현께 고마움과 지독한 사랑을 보냅니다.

2022년 9월 박 길 중

박길중 수필집

▸ 차례

▸ 책머리에

1. 운문사 솔바람 길

2. 빗소리 소묘

3. 윱쌀의 추억

4. 마라톤과 선비정신

1

운문사 솔바람 길

갈치 낚시

오후 3시의 태양은 잘 익은 감이다. 무르익어 사람의 손을 기다리는 홍시다. 어디론가 떠나기를 작정하는 사람들의 가슴에 내려앉으면 손을 내밀 수밖에 없는 유혹이 된다.

그 달콤한 유혹에 이끌려 10월의 감청색 바다를 만나보리라 마음을 모은 것은 달포 전쯤이었다. 흩날리는 태양 볕이 윤슬과 더불어 별빛이 되어 반짝이는 바다. 낚시도 낚시이겠거니와 10월 한낮의 바닷바람을 맞아 보고 싶은 생각이 앞서 있었던 터라, 바다와의 싸움에 친숙했던 어릴 적 마음은 쉽게 선상에서의 1박을 허락해 주었다.

숨어 있는 자기의 모든 것을 다 보여 주는 물새들의

고향, 망망한 바다 한가운데 산지기처럼 홀로 서 있는 바위섬들. 언제부터 저 섬들은 생겨나 암흑 속에서 어찌 저리 끝 모를 뿌리를 내리고 서 있는 것일까. 손에 잡힐 듯 너의 곁을 스치면 그 발바닥을 만져 보고픈 마음이 지금도 스멀거린다.

유년 시절의 추억까지 바다에 빠뜨려가며 달려온 지 3시간여. 당도한 공해상은 땅거미를 물리치고 어느새 짙은 먹빛으로 변해 가고 있었다. 밤 깊은 산속 광채를 뿜어내는 짐승의 눈빛처럼, 띄엄띄엄 허공을 밝히는 집어등은 칠흑의 밤바다 앞으로 보란 듯이 위엄을 드러내 보인다. 그렇게 덩치가 커 보이던 배들은 어디 가고, 모두 마술에 걸린 듯 망망대해 앞에서는 초라하기 짝이 없다.

첫 경험의 설렘과 낯가림이 일렁이는 파도와 함께 모습을 드러내며, 약속이나 한 듯 월척의 부푼 꿈으로 이어진다. 육지로부터 건너온 곳은 섬도 아닌 바다 한복판. 몇몇 낚시꾼들은 서둘러 멀미약을 복용한다. 다행히도 유년 시절 단련된 아버지와의 동업 덕분에 멀미에는 자신이 있었다. 먼저 와 닻을 내린 어선들이 현란하게 집어등을 발산하며 자리를 지키고 서 있는 중간쯤의 어느 곳. 이미 점을 찍어 둔 것처럼 선장의 배질은 노련하다.

올해 들어 유난히도 길게 메아리지는 갈치 풍어. 하룻밤 조업에 수백 마리씩을 낚아 올린다는 소문은 갈치 맛을 아는 사람들에게는 달 밝은 가을밤 송생슬(松生瑟)로 귀를 간지럽힌다.

은빛으로 반짝이는 늘씬한 몸매의 유혹. 노릿하게 구어진 식탁 위의 별미. 살을 발라 조선간장에 살짝 찍어 쌀밥 위에 얹어먹는 맛. 금방이라도 수백 마리가 눈앞에 어른거리며 갑판에 수북이 쌓이는 허깨비가 나타났다 사라진다. 그렇다면 십분지 일만 건져도 본전의 체면치레는 되겠다 싶은 마음이 갈치로 변해왔음을 어찌하리오.

선상에서의 위치가 정해지고 선장의 엄중한 주의 사항이 하달되었다. 숙달된 낚시꾼들은 어느새 바늘을 던지기 시작한다. 이물에서는 벌써 갈치를 낚아 올린다. 고물에서도 마찬가지다. 기이한 것은 나를 비롯해 중간에 위치한 몇몇 어중꾼들은 아직도 낚시 요령과 미끼를 끼우는 실습 장면을 배우고 있는 중이다. 순간 릴레이 경기에서 바톤을 놓쳐 다시 주워서 되돌아 달려야 하는 거친 숨소리의 아득한 장면이 스쳐간다.

배정받은 냉동 꽁치를 썰어서 매다는 법, 옆 사람과 얽히지 않도록 낚시 추를 던지는 법 등등…. 설명을 듣는 동안에도 이물과 고물에서는 연신 은갈치를 뽑아 올린다. 시간이 지나도록 나타나지 않는 애인을 기다리며 애를 태우는 심정이 이만할까.

이윽고 바늘이 던져지고 추는 갈치가 기다리는 수심으로 하염없이 내려간다. 낚싯대에는 추의 수심을 확인할 수 있는 숫자가 나타난다. 과학문명이 여기서도 정확히 적용되는 셈이다. 손으로 릴을 돌릴 일이라고는 마지막 순간의 잠깐 뿐. 간단한 전동 버튼만으로 낚싯줄은 수심을 따라 아래위로 쉽게 움직인다. 곧이어 선장의 경쾌한 육성이 낚싯대 끝으로 떨어진다. “수심 80미터요.” 그곳에 갈치 떼가 모여있다는 신호다.

조명을 받으며 허공에서 반짝이는 은빛 출렁임. 한밤중 눈앞에서 펼쳐지는 나의 첫 수확물이다. 잠시 전에 그렇게 안달하던 마음은 어디 가고, 알 수 없는 허전함이 아스라이 파도로 밀려와 가슴 한구석에 고인다.

어설픈 낚시꾼 행세를 하면서 재미를 느껴가던 삼매(三昧)의 시간은 갈치의 은빛 출렁임을 자주 보게 했다. 마음의 욕심과 굴곡 됨을 바르게 하고, 흐트러진 마음을 안정시켜 선심(禪心)이 한곳에서 머물러 움직이지 않는 정심행처(正心行處). 아버지의 말단 선원이 되어 일손을 돕던 유년 시절, 그물 속 물고기와 아들을 번갈아 바라보며 말이 없던 아버지의 눈빛이 파도에 일렁이며 스쳐간다.

당신이 그토록 사랑했던 바다. 그 미완의 그림 속에 감추어 두었던 당신의 사랑을 하나둘 더듬어 본다. 대들기만 하면 모든 것이 해결될 것처럼, 분별없던 기상만이 하늘을 찌르던 철부지 시절이여.

일부러 색칠하지 않고서야, 저런 화려한 빛깔이 바다에서 올라온다는 것은 참으로 괴이할 따름이다. 흉내 낼 수 없는 바닷속의 신비스러움을 그대로 인간에게 보여주고 싶은 것일까? 낚시 바늘을 위아래로 흔들어대니 당연히 그러해야 하듯, 툭하니 갈치가 떨어진다. 물속을 벗어나 배 위로 오르는 순간 두세 번 몸을 흔들다 고요히 떨어지는 청정무구(淸淨無垢)의 은빛 몸매. 말을 건네보기조차 조심스러운 처녀 모습이다.

오늘 나와의 동행 이전에 두 번 정도 더 다녀왔다던 퇴직 사무관의 균형 잡힌 낚시 모습을 훔쳐본다. 제법 많은 숫자의 갈치가 아이스박스에 모자란 잠을 청하듯 다정하게 누워 있다. 첫 물때에 다녀왔을 적에는 제 나이랑 같은 63마리를 올렸단다. 재미를 붙여볼 만한 숫자다. 간간이 서너 마리씩 올리는 모습을 보고 있으면 얼마나 많은 갈치가 바닷속에서 냉동 꽁치를 기다리고 있다는 것인가. 공해상에 떠 있는 저 수많은 배들에게 갈치는 똑같이 낚시꾼의 박스 속을 채워주고 있을 것이니 말이다.

새벽 2시다. 3시에 철수하겠다는 선장의 육성이 선상을 분주하게 만든다. 고요를 깨우는 한 시간의 골든타임. "정신 바짝 차려야 한다. 항구에 물들어 올 때 노 저어야 한다."는 경구(警句)가 이물 쪽에서 들려온다. 순간 순조롭던 조업에 제동이 걸렸다. 사무관이 끌어올린 낚싯줄에 내 낚싯줄이 얽혀 올라온 것이다. 겨우 수습을 끝내고 다시 줄을 던졌다. 이번에도 갈치인가 싶어 올린 줄이 뒤엉켜 거의 수습 불가능 상태가 되어 버렸다. 갈치 몇 마리와 함께 올려진 낚싯줄은 어느 줄에 갈치가 물었는지조차 분간이 안 되었다. 대충 두세 마리씩을 나눠 담고 줄을 잘라 이어 매는 작업 끝에 조급해진 마음을 재차 바다에 던진다. 이물 쪽에서는 일등이 220미리라는 소식이 들려온다. 고물 쪽에서도 비슷하단다.

“10분 후에 철수합니다.” 최후의 통첩을 전해 듣자 서기관이 먼저 전동 버튼을 작동시켰다. 나는 끌리는 마음이 남아 있어 조금 더 두기로 했다. 드디어 낚싯대에 반응이 오기 시작한다. 갈치다! 동시에 전동 버튼을 눌렀다. 우웅~. 묵직한 기계문명은 갈치를 달고 올라올 것이 분명했다. ‘실패는 성공의 어머니!’ 그런데 이게 어인일인가. 내 낚싯줄이 서기관의 낚싯대 쪽으로 쏠리기 시작하더니 목줄까지 함께 달고 먼저 올라와 버렸다. 낭패(狼狽)다.

아름다운 삼매의 추억은 어디 가고 다시 뒤엉킨 배반낭자(杯盤狼藉). 욕심이 풍선처럼 부풀어 올랐던 새벽녘의 낚싯줄이 아직도 풀리지 않았는지, 지금도 가끔씩 꿈에 보인다.

부안기행

돌아가는 뱃머리에서 못다 부른 노래의 마지막 소절을 불러본다. "동동뜨는 뱃머리가 오동동~이냐~ 사공의 뱃노래가 오동동이냐~ 한량님들 밤 놀음이 오동동이요~."

1박 2일의 여정으로도 풀어내지 못한 아쉬움이 연인의 작별처럼 연분홍으로 남아도는 것은 무엇 때문에 비롯된 연유인가. 잔설처럼 녹지 않은 미련을 달래 보려는 듯 아버지들의 노랫가락 기세는 막춤과 함께 등등하다.

이매창(1573~1610)이 흐느끼며 쉬어 넘던 고갯마루가 어제인 듯 터를 잡고, 오가는 나그네들 발길을 머물게 하는 것은 이화우(梨花雨)에 마음을 빼앗겨버린 탓이리라.

신분을 뛰어넘어 떠나는 임을 울며 부여잡던 옛터에, 걱정 없이 피어난 무명초도 이미 알고 있는 것을 내가 새삼스레 알았다고 한들, 마음 한 곁에 매창의 생전을 그리워하며 애태워 본들 무슨 소용이리. 이미 시공을 초월해 시대의 연가(戀歌)가 되어 버린 것을.

그러나 매창의 연성은 짙고 짙어서 매화 향기는 만리(萬里) 창밖을 넘어, 같은 시대의 비슷한 처지였던 여류 시인들을 불러들여 함께 인사라도 나누게 하고 싶어지는 애뜻한 정이 오늘에사 더욱 절실해진다.

다름 아닌 황진이(1506~1567)와 홍랑(1556?~1600?)이다. 연치(年齒)를 보면 황진이-홍랑-매창의 순서이나 그들이 살았던 시기는 중종 재위(1506~1544), 명종 재위(1545~1567), 선조 재위(1567~1608) 기간에 두루 걸친다.

조선 후기의 홍만종(洪萬宗, 1643-1725 문신·학자·비평가)이 시를 비평한 그의 저술 『소화시평(小華詩評)』에서 '근래에 송도의 진랑(眞娘: 황진이)과 부안의 계생(桂生: 매창)은 그 사조(詞藻)가 문사들과 비교하여 서로 견줄 만하니 참으로 기이하다.'고 하며, 매창을 황진이와 함께 조선을 대표하는 명기(名妓)로 평가하였다.

하늘이 내려준 신분을 함부로 재단해버렸던 사회제도 속에서만 유용했던 단어 명기. 그들의 시를 가슴에 담을 수록 여류 시인으로 표현하고 싶은 심사가 더욱 짙어지는 것은, 지금도 활발하게 활동하고 있음이 분명하기 때문이다.

매창 시인이 죽은 지 45년만인 1655년에 공인 묘비가 세워지고, 그의 주옥같은 한시 58편을 모아 1668년에 개암사에서 『매창집』(梅窓集)이 간행되었다고 하니, 그의 문학적 공로는 침량(斟量)할 만하다. 『매창집』은 현재 세 권이 남아 있는데 서울의 간송미술관에 두 권, 미국의 하버드대학 도서관에 한 권이 보존되어 있으며, 1956년에 신석정이 최초로 대역한 『매창집』이 전한다.

시인 촌은(村隱) 유희경(柳希慶, 1545~1636)[1]과 사귀어 정이 깊었던 바, 유희경이 상경한 뒤에 소식이 없으므로 비가(悲歌)인 이화우(梨花雨)를 짓고 수절(守節)했다고 한다. 매창의 신분이 미천했음에도 『홍길동전』을 지은 허균(許筠), 인조반정의 공신 이귀(李貴) 등과 같은 많은 문인·관료들과 교류했다. 당대의 학자들과 두터운 교분을 유지할 수 있었던 비결은 무엇일까? 시대를 관통하는 엘레지의 걸작 때문이리라.

이화우(梨花雨) 흩뿌릴 제 / 울며 잡고 이별(離別)한 임

추풍낙엽(秋風落葉)에 / 저도 날 생각는가

1) 천민 출신의 하층민이었지만 남언경으로부터 문공가례(文公家禮)를 배워 국상(國喪)에 자문할 정도로 예(禮)에 밝았다. 도봉서원 창건의 전반적 책임을 맡았으며, 임진란 당시 의병을 일으킨 공로 등을 인정받아 품계가 종2품 가의대부(嘉義大夫)에까지 올랐다. 『촌은집』을 남겼다.

천리(千里)에 외로운 꿈만 / 오락가락 하노매.
매창(梅窓)

한 번 떠난 후 소식 없는 정든 임, 끝내 잊을 수 없는 임에 대한 간절한 그리움의 표상이 「천리에 외로운 꿈」이다. 계절의 변화와 시간의 흐름을 대비시켜 지어낸 숱한 시문 중에 3장 6구 12소절의 주옥이다.

배꽃이 비처럼 흩날릴 때 이별의 정화(精華), 낙엽 지는 가을날에 임을 그리워하는 마음, 멀리 떨어져 있는 임과의 재회에 대한 염원이 여성의 섬세한 감각으로 시조 한 편에 고밀도로 녹아 있다. 홍랑의 이별가는 어떠한가.

묏버들 갈해 것거 / 보내노라 님의 손듸
자시난 창(窓) 밧긔 / 심거 두고 보쇼셔.
밤비에 새닙 곳 나거든 / 날인가도 너기쇼셔.
홍랑(洪娘)

운명적인 만남이 이루어 낸 홍랑의 시조 한 수는 조선조(朝鮮朝) 문학사 중 가장 애절한 연정가(戀情歌)이다. 당시 연인이었던 고죽(孤竹) 최경창(崔慶昌, 1539~1583)[2)]과 이별하며 지은 한글 시

---

2) 호는 고죽(孤竹). 학문과 시에 뛰어나 이율곡과 함께 문장가로 알려졌다. 중국 당(唐)나라의 시문(詩文)에도 능해 당시 삼당파(三唐派. 최경창 · 백광훈 · 이달)의 한 사람. 29살에 문과에 급제해 여러 벼슬을 거쳤다. 34세가 되던 1573년(선조 6년)에 함경도 북도평사(北道評事)로 부임. 북도평사란 함경도 지역의 군사 관리 · 무기 제

다. 함경도 경성(鏡城)의 관기(官妓)였던 그녀의 기록은 어디에도 없다. 1556년쯤 태어나 고죽과 비슷한 나이로 살다가 그의 묘 앞에서 스스로 목숨을 끊은 것으로 전해지고 있을 뿐, 언제 태어났으며 언제 세상을 떠났는지 알 길 없는 대목에서 구시대 폐습의 그늘이 얼마만큼 짙은가를 본다.

천한 신분이었지만 문학적인 교양과 미모를 겸비한 여성이었다. 글 · 글씨 · 노래 · 춤 · 그림에 두루 뛰어났던 그의 예술적 경지는 아무에게나 꺾이는 길가의 버들가지가 아니었다.

유교적 질서가 엄격했던 시대. 기생의 신분으로서는 감히 꿈도 꾸지 못할 사대부 가문의 족보에 오르고, 선산에 그의 유골이 묻혔다는 사실을 보면 홍랑이 어떤 인물이었던가를 미루어 짐작할 수 있다.

일부종사(一夫從事)를 맹목으로 실천하지 않아도 되는 자유로운 기생이었지만, 많은 남자들의 유혹에 눈길조차 주지 않고 자신만의 정절을 바쳐 사랑할 운명적 만남을 꿈꾸고 있었다. 홍랑의 아름다운 재색과 지혜는 마침내 당시 팔문장(八文章)으로 명성이 높았던 고죽을 만나면서 세세생생(世世生生)에 변하지 않을 뜨겁고도 헌신적인 사랑을 엮어가게 된다. 고죽이 서울로 떠나는 날, 홍랑은 조금이라도 더 그와 함께 있기 위하여 경성에서 멀리 떨어진 쌍성(雙城)까지 태산준령을 넘어서 며칠 길을

작과 정비 · 군사 시설 구축 등의 임무를 돌보는 문관이다.

마다 않고 따라가며 고죽을 배웅했다.

그러나 어찌할 것인가! 두 사람은 이윽고 함관령(咸關嶺)고개에 이르렀고, 더 이상 경계를 넘을 수 없었던 홍랑은 사무치는 사모의 정을 뒤로하고 돌아설 수밖에 없었다.

이미 날은 저물고 비는 내리는데 피할 수 없는 이별 앞에서 홍랑도 고죽도 그저 하염없이 눈물을 흘릴 뿐이었다.

그때 그녀의 눈에 띄는 것이 있었으니 바로 길옆에 피어 있는 산버들이었다. 울음을 삼키면서 홍랑은 그 버들가지를 꺾어 고죽에게 주며 구슬프게 시조 한 수를 읊었으니, 우리가 알고 있는 「묏 버들 갈해 것거」이다.

이별과 그리움, 남다른 사모의 정으로 대표되는 매창과 홍랑의 작품으로 시인들의 위대함은 밤하늘의 별이 되는 것이다. 그들의 사랑은 굵고 짧았다. 『열녀춘향수절가(烈女春香守節歌)』의 쑥대머리 대목이 언제쯤 생겨났을 지점에 생각이 머물면, 두 여류 시인의 고운 아미가 그대로 초승달이 되어 춘향의 적막 옥방을 비출 것만 같다.

미모보다는 시재나 의기(義氣)에 뛰어났던 인물들을 선별하여 그렸던 조선조(朝鮮朝) 채용신의 『팔도미인도』에 청주 미인 매창과 서울 미인 홍랑은 있으되, 기이한 행적의 미인 황진이가 빠져 있다는 것이 사뭇 궁금증으로 남겨진다.

지순 지고한 문인들의 사랑은 시문 하나에 마음의 거문고를 타게 한다. 고죽과 홍랑 · 촌은과 매창이 시대를 돌아 나와 청마와 정운에게로 연모와 애련의 정을 비겨본다면 진랑(眞娘)이여! 그대 안다면 울 건지, 웃을 건지.

> 너는 저만치 가고 / 나는 여기 섰는데 / 손 한 번 흔들지 못하고 / 돌아선 하늘과 땅 / 애모는 사리로 맺혀 / 푸른 돌로 굳어라. 정운(丁芸)

저 여류 시인들의 소리, 소리, 소리. 나의 귀를 채우고 나는 그 소리를 새겨들으며 나의 귀를 비우는 도다.

강화도 기행 소고

고요와 적막이 강산을 휩싸고 도는 가믈(玄)한 하늘 저편. 여명의 눈동자로 불덩어리 하나가 솟아오른다. 작은 흠조차 허락되지 않는 거대한 불의 춤사위.

도주로를 예상하고서도 매복 작전에 허를 찔린 병사처럼, 수만 가지 애수와 통한의 정감만이 온몸을 휘감고 돌아드는 북녘의 땅. 그리고 해맞이. 저 불덩어리에게로 내 마음을 보태어 보낸들 해맞이가 흡족할 수 있을까.

강화도 제적봉 정상에서 마주하는 새벽의 해 오름은 나그네에게만 애수(哀愁)처럼 더해지는 단심이런가. 강 건너, 마을 하나가 할머니의 품처럼 고즈넉하게 어스름을 안고 누워 있다.

경기도 개풍군은 한반도 지도를 놓고 보면 중앙에 위치해 있고, 백범 선생께서 살아 계실 때에는 조국 독립을 위해 일생을 바쳐 싸워 온 한 핏줄의 대한민국 영토였다.

그 위에 송악산의 붉은 얼굴로 나를 향해 다가오는 찬란한 6월의 태양. 순간, 손에 잡힐 듯 보이는 바로 저곳을 건너가 보고 싶어진다. 그러나 바로 눈앞은 철조망이다. 70년 세월의 부질없는 이념의 장벽.

다시 강을 바라본다. 제멋으로 뽐을 내며 자라난 초목들 사이로 먹이 사냥을 떠나는 뭍의 새들과 수면을 박차고 올라 남쪽으로 날갯짓을 재촉하는 물새들. 철조망을 마음대로 조정하는 솔개의 비상은 자유에 한가로움을 더한다. 물항라 빛깔처럼 고운 그들의 삶터에 마음을 조금씩 보태어본다.

그러한 상념도 잠시, 송악의 아늑한 마을 위로 솟아오른 불덩이는 어느새 산봉우리를 벗어나 한낮의 여정을 시작하려 한다. 숙소로 내려가야 할 시간이다. 누군가 부른 듯이 물새 두 마리 송악으로 나그네의 소원을 전하려 바람을 가른다.

여행을 떠나 유숙지에 여장을 풀면 등산로를 찾아내는 일은 제일 먼저 처리해야 하는 도착지 일과 중의 하나이다. 산이 없는 곳이면 달리기 코스를 찾는 일 또한, 버리지 못하는 습관이다. 신선한 새벽을 조금이라도 일찍 품에 안기 위해서이다.

일찌감치 다음 날 아침 식사 전까지의 세부 일정을 계획해 놓고 동행할 파트너를 정해보는 상상은 여행 중에 휘모리로 돌아드는 즐거움이 있다. 뜻밖의 제안에 상대방은 간밤의 숙취를 돌볼 틈도 없이 나의 계획 속에서 일정을 시작하지만, 임무 수행 후에 다가오는 수익은 만만찮게 추억의 곳간에 저장될 것이 틀림없으리라.

여산 선생[1]을 파트너로 정하고 등산로를 오르는 과정은 예상대로 흔쾌히 진행되었다.

10년여에 걸친 백두대간을 종주한 이력을 시(詩)로 승화시킨 고진감래도 동행의 한몫을 했다. 그의 시는 높은 산에서 돌이 굴러 수직으로 떨어지며 부딪치는 울림이 행간에서 묻어 나온다.

그와의 산중 대화는 조선시대 선비들의 일상으로 옮겨갔다. 일찍이 성호 선생[2]께서 청량산[3]을 오르실 때, 수개월 전부터 유람할 동행자를 찾아 약속하고 준비하는 것과는 달리, 즉석에서 산행이 이루어지는 우리는 시대의 행운아이다. 평안도로부터 경상도에 소재한 산을 마음먹은 대로 오가시던, 한때 당신의

---

1) 여산 김보한(艅山 金甫漢, 1955~): 경남 통영 출생, 시인, 시조시인, 평론가. 『진부령에서 하늘재까지』 『동해에서』

2) 성호 이익(星湖 李瀷, 1681~1763): 평안도 운산 출생, 조선후기 실학의 집대성자. 『星湖僿說』

3) 청량산(淸凉山): 경북 봉화군 명호면에 위치(870미터). 생전에 퇴계 선생은 스스로를 청량산인이라 칭하였음. 후세 선비들의 수양터로 삼기 위해 세운 청량정사(淸凉精舍)가 있다.

땅이었던 개성의 송악산. 이제는 강 건너 불구경으로 남의 일이 되어 버린 엄중한 사실을 당신은 알고 있을까. 상잔의 비극으로 민족이 갈라져 북녘 하늘에서 솟아오르는 해맞이를 이렇게밖에 할 수 없으니, 마음의 구속 상태를 어찌 알리오. 당신께서는 헌신짝 버리듯 쉽게 오가던 나들길을 지금은 눈앞에 두고도 가보지 못한다.

낯선 목적지에 도착하면 되도록 많은 체험을 해 보고 싶어 항시 일행들보다, 먼저 발걸음을 서두르는 고질병을 이번 여행에서는 다행히도 피해 갈 수 있었다. 올라가면서 눈여겨 둔 곳을 내려오면서, 한 번 더 들러보는 나의 여행 습관은 때로 일행의 무리를 자주 놓쳐버리기 일쑤이다. 그러나 강화평화전망대에 오르는 길 중간에는 한눈팔 일이 없어 곧장 갈 수가 있었다.

저만큼 6월의 화사한 꽃 한 무더기가 보인다. 펄떡이는 물고기처럼 싱싱한 젊은이들. 휴가를 나온 이 땅의 청춘들이다. 그냥 보낼 수가 없어 같이 포즈를 취해 본다. 군인이기 이전에 대한민국의 젊은이로서 이들이 바라보는 북녘땅은 어떠했을까. 송악산을 붉게 물들이던 해오름을 그들의 이름으로 그곳에서 직접 맞이해보는 상상이 헛된 욕심이 아니기를 바람으로 전해본다.

전망대 안의 벽면 한쪽에는 염원을 담은 쪽지들이 금방이라도 날개를 펼치고 통일 노래를 부를 듯이 기세가 당당하다. 티 없이 맑은 하늘은 강을 건너면서 보이지도 않던 사람들의 밭일 하는 모습까지 망원경에 잡힌다. 어릴 적 동무들과 무르팍 깨 가면서 잠자리 잡으러 다니던 길과 똑같은 길이다.

전망대를 뒤로하고 서쪽으로 내려오면 「그리운 금강산」(한상억 작사, 최영섭 작곡) 시비(詩碑)가 곧 날아오를 준비를 마치고 손님을 맞이한다. "누구의 주제런가 맑고 고운산… 수수만년 아름다운 산 못 가본지 몇몇 해 오늘에야 찾을 날 왔나. 금강산은 부른다…" 사무치는 통일의 그리움이 갈매기로 변했는가.

고려시대에는 임시수도로서 안전지대 역할을 했던 역사의 현장. 몽골의 침략에서부터 서양 함대들의 개항 요구에는 고스란히 몸을 내어 주어야 했던 강화도. 그러나 지금은 지역적 특성이 가져다주는 이점을 극대화시키고 있는 강화도의 도약은 다섯 번째로 큰 섬 역할을 충실히 하고 있었다.

호텔 에버리치의 제적봉 등산로에서 맞이한 해돋이 풍경은 통영 예총의 아름다운 여행이 나에게 선사해 준 선물이다.

강화도령 이원범이 졸지에 왕위(철종)에 오르는 놀라운 행운을 얻게 된 것보다 더 운수 좋은 하루다. 애정을 보내는 나의 마음은 가볍다.

운문사 솔바람 길

청정법계(淸淨法界) 청도 운문사로 들어갈 때는 되도록 자동차를 멀리 세워두고 들어가라. 마라토너가 출발 신호를 기다리면서, 뛰어 내야 할 기나긴 여정을 포근한 호흡으로 마음을 가다듬듯이 말이다. 솔숲 길에서 전해오는 보드라운 미소와 함께 옛날이야기를 읽어가며 천천히 아주 천천히….

그리고 동행한 동료가 다른 곳으로 시선을 유혹해도 솔숲이 전해주는 따스한 체온을 내 몸속에 일체화시키기 위해서는 흔들리지 말아야 한다. 다만 미리 공부를 좀 못하고 온 것에 대한 미안한 생각을 가지면서. 그래야만 청정법계로 들어가는 최소한의 예의를 지키는 것이 될 것이다.

사전에 전혀 준비가 없었던 나의 운문사 방문은 미안한 마음만 남기고 돌아왔다. 예의를 못 지킨 셈이다. 들뜬 어린아이의 색동저고리처럼 막연한 동경으로 만났던 저 거대한 세월의 무게. 영남 좌도의 대표적 산사이자 국내 최대의 비구니 강원인 운문사.

1100년 전, 고려 태조 왕건이 보양 스님의 후삼국 통일의 공로에 대한 보답으로 쌀 50석과 함께 운문선사(雲門禪寺)라고 이름 지어 편액(扁額)을 내렸다고 하는 사찰. 다녀온 사람 대부분은 알고 있는 사연을 모르고 있었던 탓에 아픔이 더없이 컸던 청도 운문사. 그가 자랑거리로 갖고 있던 솔바람 길은 거칠게나마 나의 무지를 다독여 준 위안이 되었다. 그 솔바람 길 내디뎌 의미를 더해 갔던 한 걸음걸음은 알에서 깨어나는 새로움의 연속이었다.

솔바람 길의 의미에 애착을 가져보는 시간 속으로 잠시 색다른 불청객도 눈에 띄었지만 외면하고 싶었다. 그러나 그 외면은 그리 오래가지 못했다. 영문 모를 이유로 나무들이 상처를 안고서 자라고 있음이었다. 그 상처는 중년의 소나무 곁을 지나면서 갈수록 강하게 시선을 자극하였다. 늘어선 대다수의 소나무들이 부스럼처럼 상처를 안고 있었고, 무언가 사연이 있으리라는 생각이 들기 시작했다. 그럼에도 나의 미안한 즐거움은 계속되었다. 의문의 꼬리를 달고서 말이다. 그렇게 얼마를 지나

바람길

자 녹슨 설명 표지판이 나의 바보 같은 즐거움을 나무라듯 서 있었다.

V 자 모양의 이 상처는 일제 말기(1943~1945) 군수자원이 부족했던 일본군이 우리나라 사람을 강제로 동원하여 연료로 쓰기 위해 송진을 채취한 자국입니다. 60여 년이 지난 지금도 상처는 아물지 않고 있어 안타까움을 더하고 있습니다.

순간, 가슴에 패었던 상처를 한 번 더 파고 들어가고 있음을 어쩌랴. 불과 한 달 전 일제 치하 36년. 조국 독립을 위해 음지에서 싸워온 독립운동 열사의 흔적을 탐방하며 울분을 지니고 있던 터에 이 표지판은 가슴에 기름을 붓고 말았다.

다름 아닌, 저들의 만행은 열사의 흔적을 지우기 위해 비석 뒷면에 새겨져 있던 공적과 추모의 글을 정으로 쪼아 파내고 뭉개버린 것이었다. 세워진 비석은 어쩌지 못하고, 생채기를 내어 흔적이라도 없애고 보자는 인간의 가장 추악한 모습을 그대로 드러내 보인 것이다.

투박한 쇳덩어리에 저항 한 번 못하고 고스란히 온몸을 내주어도, 이름만은 지키고자 했던 일그러진 비석의 표정이 아직도 눈에 선하다. 인간의 탈을 뒤집어쓴 악마. 소나무에 패인 'V' 자가 더욱 선명하게 피를 흘리고 서 있는 모습으로 나타난다. 선혈이 낭자하게 가죽이 벗겨진 채로….

도처에서 자행된 저들의 저열한 행위에 분노와 억울함이 치밀어 올라, 짚어지지도 않는 약소국의 무능함을 부둥켜안고 한동안 목을 놓았다.

만개한 벚꽃 무리와 솔 향기의 솔바람 길. 저녁과 새벽을 이어가며 들려올 비구니 스님들의 예불과 독경 소리. 거대한 산봉우리처럼 위용을 드러내며 섰는, 수령 500년의 운문사 처진 소나무. 1277년 일연 선사께서 주지로 있을 당시 삼국유사를 집필했다는 고찰. 그리고 상처를 아물게 하기 위해 시멘트를 발라 약품 처리를 해 놓은 중년의 소나무들.

단풍 지고 눈 내리는 하얀 겨울에 나의 다정한 벗과 함께 운문사 솔숲 길이 전해주는 아름다운 이야기만 다시 청해 듣고 싶다.

홍도 비경 감상의 원칙

흑산도를 뒤로하고 설렘 가득한 홍도행 유람선에 오르면, 이미 흑산도 아가씨는 옛이야기가 된다. 흑산도를 통하지 않고 어찌 홍도를 이야기하랴마는, 선상 해설가의 말솜씨에는 흑산도를 홍도의 둘째 동생쯤으로 여겨 버리라는 듯이 홍도 자랑이 쏠쏠하다.

승선의 왁자한 순간들이 영상으로 저장되고, 저만큼 작별의 손을 흔드는 부둣가를 바라본다. 들고 나는 부둣가에는 얼마나 많은 사람들의 고독과 애환이 녹아 있을까. 나름대로 멋을 부린 몇 장의 사진과 대화를 나누다, 이런저런 상념에 자신을 맡긴 잠시, 거대한 기운이 별안간 온몸을 적셔온다. 배 밑바닥으로 굼실거리며 밀려 지나가는 너울성 파도다. 잠을 깨우듯 유람선을 좌우로 흔들기 시작한다. 신체의 일부가 미처 적응을 못 하는 순간이자, 홍도 비경의 감상이 시작되는 순간이다.

해수면 위로 일정하게 줄을 지어 무지개로 나타났다 사라져 가는 저 거대한 자연의 조화. 현기증 나는 아름다움에 무등이라도 타고 싶다. 어찌 눈을 감고서 감상할 수 있으리오.

일부러라도 창밖으로 눈을 돌려 수평선을 바라보라. 그리고 멀미를 해 보고 싶다고 생각해라. 썩 괜찮은 생각이다. 약으로 눌러 버린다면 후유증이 더 오래간다. 약 기운에 취해 홍도 비경의 묘미를 느낄 수 없다.

어느 순간 생각대로 된다면 바람결 따라 옷깃이 휘날리듯, 배가 흔들리는 대로 온순한 양처럼 순응으로 응답해야 한다. 마음조차 깃털같이 가벼웁게 같은 방향으로 흔들려야 한다. 평온한 감정이 찾아오고 나서, 감았던 눈을 조용히 뜨면 기다렸던 첫 번째 비경이 보인다. 마치 하늘 아래 태초의 그림인 양, 눈앞 가득 만화경으로 펼쳐진다.

배트맨이 되라. 신혼의 단꿈을 꾸는 배트맨이 되어야 한다. 천상에서 내려오다 치솟은 바위에 잠시 걸터앉아 여유롭게 한잠 자고 갈 수 있는 그런, 너무 빠른 속도로 날아다니면 안 된다. 비경이 나타나면 그때는, 잠자리가 나뭇가지에 앉기 위해 가지를 붙잡는 순간의 정적처럼 정신을 집중해야 한다. 그래야만 깊숙한 내면을 들여다볼 수 있다.

그곳에서는 물고기를 잡아보고 싶다는 생각은 하지 마라. 그런 생각이 든다면 고개를 들어 하늘과 맞닿은 아득한 절벽을 바라보라. 그리고 저 낭떠러지에서 춤을 추며 떨어지는 폭포수를 생각해 보라. 한 덩어리의 폭포수가 내 얼굴로 와락 안겨올 때면 절대 피하지 마라. 번개가 쳤을 때 비로소 눈을 떠라. 그러면 그대 앞에 살아 움직이는 갖가지의 생선이 잔치를 베풀 준비를 하고 있다. 젓가락을 잡기 전에 최소한 열 번 정도는 군침을 삼켜야 한다. 잠자리가 나뭇가지에 앉는 순간 안전한 착지점을 찍듯이, 고도의 정신 집중이 필요하다. 내 입속에 들어갈 살점이 새콤한 초고추장을 거치는 동안, 진저리로 소름 돋는 흔들림을 느낄 때까지의 집중 말이다. 그래야만 달콤한 진미 속으로 홍도 두 번째의 비경이 보인다.

잠시 휴식을 틈타 홍도가 온몸을 감싸오면 신근(新根)을 생각하라. 절벽 기암괴석에서 새롭게 뿌리내릴 준비를 하고 있는 소나무를 말이다. 기암보다 더 절묘하게 자태를 뽐내는 소나무들은 앉아 있는 모습이 약속이라도 한 듯 모두가 한결같다. 최고의 원예사도 숨어들어 배워가야 할 저 자연의 생김새. 이제 막 깃을 접은 백학의 모습이다.

사진으로 간직해도 좋으나, 가슴속에 저장해 두었다가 무료

히 생각에 사무칠 때, 꺼내서 그림으로 아니면 문장으로 빚어 내면 더욱 좋다.

비를 머금고 죽순처럼 자라난 바위틈을 지나면, 틈새마다 안고 있는 갖가지 사연이 아득한 그리움으로 펼쳐질 것이다. 그러나 모두다 자기 것으로 만들려고 하지 마라. 바라보는 곳이 반대편이면 이미 갯바위에 지나지 않을 뿐이다. 특히 마음속에 와닿는 몇 가지만을 골라서 동굴 속 전해오는 이야기처럼, 되도록 삭혀서 저장해 두라.

홍도 세 번째 비경에 관한 이야기는 그 몇 가지에서 시작된다.

첫 새벽의 정적을 깨울 마지막 비경, 깃대봉 일출은 마을에서의 일박으로 시작해야 한다. 2구 마을로부터 전해오는 이야기를 동무 삼아 어릴 적 산에 오르던 기분으로 천천히 숨을 고르며 내 앞에서 가장 아름답게 펼쳐질 일출을 생각하자.

나무 계단이 끝날 즈음 가쁜 숨이 찾아오거든, 잠시 몸을 돌려 난간 밑둥에다 미안하지 않게 몸을 맡겨라. 그리고 한숨으로 길게 허공을 부르면, 고즈넉이 잠들어 있는 마을이 눈앞으로 다가온다. 두 손바닥을 모으면 안으로 담겨질 것 같은 마을이다. 성당과 교회가 아래위를 다투어 자리하고 있는 모습에서 유구한 역사의 종소리가 동시에 울려올 것 같다.

정상으로 오르는 길섶 곳곳에는 온몸으로 감싸오는 이국의 향취가 지금 내가 서 있는 위치를 가늠케 해 준다. 동백과 갈참나무, 후박나무가 군락을 이룬 능선은 숲의 천이(遷移)가 이루어져 가는 마지막 단계에 와 있는 듯 생명의 변화가 절로 느껴진다. 근육질의 거인이 금방이라도 달려들 것 같다. 그렇다고 울퉁불퉁하게 생긴 나무 등걸에 맞서지 마라. 그가 안내해 주는 길을 따라 얌전하게 올라가기만 하면 된다.

당신이 나를 찾아와 감동하듯 지금 보이지 않는 어느 날의 새벽, 당신의 까마득한 후손이 오늘처럼 또 찾아와 추억 하나를 조각할 수 있도록, 고요히 눈을 감고 길 하나를 만들어 놓자. 한 걸음 두 걸음 아득한 걸음 앞에 검은 천으로 가려진 틈새를 헤치고 불덩어리로 얼굴을 내미는 저 수평선!

깃대봉 정상의 지킴이는 그대의 부드러운 손길 한 번이면 제 모든 것을 다 보여줄 준비를 하고 있다. 찬란한 6월의 홍도를….

둔덕면 화도(花島)

학익진(鶴翼陣)법으로 왜군을 맞이했던 임란의 시대를 품에 안고, 고요와 격정의 공간에 그 섬[1])은 있다. 대첩의 현장을 생생하게 지켜보며 자라던 나무들 자취 감추고, 판옥 함선을 닮은 바위 하나 430년 전을 되살려

---

1) 경상남도 거제시 둔덕면 술역리에 속한 섬. 거제시 유인도서 중 네 번째로 큰 섬. 2020년 기준 인구는 76가구 167명(남 80명, 여 87명)이며, 동경 128도28분, 북위 34도58분에 위치하며 면적은 1.207제곱킬로, 해안선 길이 7.5km에 7개의 구릉에 최고점은 115m(와선봉)이다. 전형적인 리아스식 해안으로 해안선을 따라 7개의 소만입이 산재한다. 취락은 만입부인 송포, 면포, 염포, 미포, 왜선포 등에 밀집하며, 송좌포, 발포가 있다. 인근 도서와는 도선으로 자주 왕래하며 통영에서 출발하는 정기 여객선과 술역리 호곡에서 매일 4차례 출발하는 화도페리가 있다. 한산대첩 학익진법이 펼쳐진 역사의 현장이기도 하다. 한려해상 국립공원에 속하고, 자연경관이 아름다워 등산객들의 트레킹 코스로 정해지며, 바다 낚시터로도 이름나 있다. 최근에는 2010년 폐교된 화도 분교를 리모델링하여 화도펜션으로 운영하고 있다. 6·25동란을 피해 영화음악의 거장 통영 출신 음악가 정윤주 선생이 1년가량 머물렀다. 그때의 영감으로 40년 후에 플루트5중주곡 「화도」를 작곡 발표했다. 주요 수산물로는 대구, 볼락, 장어, 숭어, 바지락 등이며 멍게, 굴, 전복이 양식되고 있다.

낼 듯 한산섬을 의연히 바라보고 있다.

거대한 백경(白鯨)이 태평양으로부터 한산만을 지나 견내량으로 느리게 오다, 헤엄을 쉬고 있는 섬의 모양[2]은 태생을 알고 있는 듯이 평온하다.

최초 붉섬이 너였던 화도. 숱한 곡절을 곁에 두고 갖가지 이름들이 포도송이처럼 달려 있는 너는 76세대의 작지 않은 섬이다. 이름 붙여져야 할 사연이 그리도 많았던 섬. 문명과 문화가 멈춰있는 섬. 그러나 그곳에도 꽃은 피어나고 있었다.

피서지를 떠나버린 밤 배처럼 젊은이들이 모두 떠나버린 땅. 왜란을 밀어내고 붉은 바위의 섬으로 다시 불려지기를 원하는 토종 생물들만이 역사의 증언자가 되어 풍파를 견뎌내고 있는 지금이다.

본시 불섬(火島)과는 거리가 멀었던 적도[3](赤島). 붉섬이 너의 이름표였었다. 세월을 이겨낸 붉은 바위는 여전하다. 산기슭을 지켜 서서 물새들을 불러 모아 쉬어가게 한다. 지나는 똑딱선의 크기를 가늠하며 먼바다로 안내하는 역할 또한 그의 몫이다. 세종조 작명가들의 탁월한 신념을 지켜주듯이.

---

2) 섬은 거제대교에서 남쪽으로 약 7.5km, 섬의 동쪽 2km에 둔덕 녹산, 서쪽 2.5km에 통영 미륵도, 남쪽으로 500m에 한산도가 지척에 있고, 견내량 한가운데 남북으로 2km 정도로 길게 누워 있다. 통영미륵산과 둔덕골 방하리 산방산 중앙에 위치한 진더바우 즉 학익진봉이 있다.

3) 조선초기 세종 때 붉섬(赤島)으로 불려졌으며, 1898년(광무 2년) '거제군읍지' 방리편을 보면 둔덕18방 중 화도는 적도로 기록돼 있다. 불섬, 火島, 花島는 임란 이후에 생긴 이름. 花(모란, 해당화)를 주로 함.

포구마다 일곱 개의 마을이 형성되어 임란의 쓰임새에 알맞게 임무를 다하던 그때의 영광은 어디로 갔는가. 지금은 이름조차 어설픈 풍경이 마을 전체를 덮고 있다. 성쇠(盛衰)의 이치가 있다면 이제, 화도라는 주발에 음식이 가득 채워질 시기가 된 것이다.

섬의 땅 어디에서나 황토의 색은 붉으며 용왕제와 풍신(風神) 할망제가 섬 주민들의 슬픔과 기쁨을 대신해 주었던 적이 있었다. 유년의 푸르렀던 추억들, 마른 솔잎처럼 사라지고 남은 생 쓸쓸해 하면 무엇하리.

내가 갚아야 할 작은 빚이 있어 고민하고 있다면 그것은 반성에서부터 시작하는 것. 마침내 기회가 주어진 것은 참으로 다행스런 일이라 아니할 수 없다.

내 생의 반세기 만에 이백운(李白雲) 선생과 무리지어 구릉의 누각에 올라 산신령께 절하며 아뢰었다. 비로소 막혔던 숨통이 트이면서 산의 기운이 소쿠리도(道)[4] 바닷길로 뻗어내리고 있음이 느껴진다.

왜란 당시 학익진 전법을 펼친 공께서 대첩의 승전고를 울린

4) 화도 발포마을 앞바다와 한산면 염호리 관암마을 앞바다를 사이에 두고 동으로는 거제 어구항, 서로는 통영항으로 흐르는 바닷길. 전국의 낚시꾼들 사이에서는 일찌감치 회자(膾炙)되는 이름이다. 폭은 약 500m 정도로 한산도로 다리가 연결된다면 최단 거리가 된다. 통영 매일봉에서 방화도와 화도로 이어지는 연륙교가 연결되면 한산대첩 학익진 재현의 모습을 다리 위에서 관람할 수 있는 대한민국 최고 관광의 명소가 될 것이다.

앞바다. 섬 전체가 피아의 싸움터였고, 아군의 군수물자를 생산하고 보급을 담당했던 포구의 이름들을 생각하면 대첩의 일익이 더욱 대견스러워진다.

금방이라도 장군의 호령이 들려올 것 같아 수평선을 바라본다. 불현듯 누각이 서 있는 산의 제대로 된 이름자가 없음이 뇌리를 스친다. 어릴 적 짜임새 없이 부르며 전해오는 몇 개의 이름이[5] 있었으나 명칭으로서의 기록은 어디에도 없다.

7주갑(1592~2021)을 이어오는 지금. 섬의 앞바다에서는 대첩을 기념하며 학익진법의 재현을 60년째 시행해오고 있다. 때문에 '학익진봉(鶴翼陣峰)'이라고 이름을 가만히 붙여본다. 하니 섬 전체가 기다렸다는 듯이 거대한 학이 꿈틀대며 날개를 펼친 것처럼 형상을 이루더니 내려 앉는 모습이다.

학익진봉을 내려서면서 붙여진 이름을 한 번 더 생각해 본다. 쳐부술 적의 전선을 헤아리며 잠 못 이루었을 공의 전장터가 다시 눈 앞에 펼쳐진다. 함께 전쟁을 치렀을 견내량과 둔덕골 영등으로 이어지는 수로는 어찌하리오. 한산만을 바라보는 나그네의 마음이 경건해진다.

오재미를 던지며 부지런히 쫓아다니던 철부지 머슴아 · 가시내들. 붉디붉은 섬의 특산물 멍게처럼 수줍은 섬 처녀의 가슴도 붉어지게 했던가. 모두 외지로 떠나버리고, 친정엄마 찾을

---

5) 진더바우, 진지바우, 진두봉, 진지봉 등으로 마을 사람들에게 전해져 오지만 유래나 기록이 없다.

일도 없어져 버린 우리들의 고향. 송홧가루 날리는 곡우쯤에 솔향기 묻어나는 멍게와 함께 찾아오려는가. 오가던 길섶에는 뿌리 드러낸 채 비스듬히 드러누운 늙은 낙엽송이 그 시절을 대신 읽어내고 있다.

각도, 불섬, 붉섬, 꽃섬이든 무엇을 상관하랴. 거제도, 한산도, 통영의 용남면과 산양면이 꽃잎이라면 화도는 암술에 해당하는 것을. 화도라는 이름을 얻고서 꽃으로 자라났으니 색동옷 갈아입을 때가 머지않았다.

화도 찬가

한산 해전 승전고 숨결 고이 간직한 섬
골마다 마을마다 양풍미속 대를 이어
물 나면 조개 캐고 물 들면 멍게 길러

불섬(火島)이면 어떠리 뿔섬(角島)이면 어떠리
붉섬(赤島)으로 보였다가 꽃섬(花島)으로 이름하니
섬 작다고 얕잡았다 댕겨보니 일곱 마을

어허라, 학익진 펼쳐 나라 구한 바다 안고
신선봉 올라서니 거제·통영의 한 가운데라
둔덕 골 뿌리 내리니 태양의 축복 꽃섬이 된다.

봉화가 솟아올랐던 이 섬의 최고점 와선산(臥仙山, 115m)[6)]을 다시 오른다. 신선이 내려와 잠을 자다 시원한 바닷바람에 깨어났다는 전설로 붙여진 이름이다. 참으로 기이한 일은 또 있다. 신선이 파도를 타고 들어갔다는 해식동굴(海蝕洞窟)[7]은 지금도 사람의 접근을 좀체 허락하지 않고 있으며, 모감주나무[8]가 송좌포 마을의 수호신으로 자리하고 있는 일이다.

작은 솜씨나마 뽐을 낼 수 있었던 유일한 무기였을 봉화. 봉화대에서 오르는 불꽃은 사라졌지만, 도망치는 왜구를 섬멸하기 위해 제 몸에 불을 붙여 나라를 구한 뒤 꽃으로 변신한 고향 화도를 어찌 사랑하지 않으리.

6) 섬의 가장 높은 구릉, 삼각점이 있다.
7) 마을에서는 '굴강정'이라 부른다.
8) 일명 무환자(無患子)나무. 서양에서는 황금비 내리는 나무(golden rain tree). 원산지는 중국. 나무 씨앗의 다른 이름은 금강자(金剛子). 콩알 굵기만 한 윤기가 자르르한 까만 씨앗이 세 개씩 들어 있다. 만질수록 반질반질해져 염주의 재료로 쓰인다. 이 나무 열매로 만든 염주는 도를 깨우친 큰스님만이 지닐 수 있는 귀한 열매이다.

우국의 노래

해마다 통영한산대첩축제의 새로운 주제를 정하고서 치러지는 행사에, 장군의 노래가 언제쯤 축제의 창(唱)으로 무대에 오를 수 있을까?

예로부터 통영은 일본 수군의 수륙병진 계획을 좌절시키고, 도요토미 히데요시의 조선 침략에 사형선고를 내린 한산대첩의 고장이다. 대첩을 기념하기 위해 이순신 장군의 후예들은 올해도 어김없이 성대하게 행사를 치러낼 준비를 하고 있다.

지역축제에서 벗어나 전국의 대표축제로 발돋움시켜 내기 위한 통영시와 기념사업회의 각고의 노력은 이미 최우수의 단계를 넘어서고 있다. 그리고 닷새간의 일정으로 진행되는 행사 기간 동안 날짜별로 갖가지의 프로그램들이 구성되어 대첩의 의미를 살려내려는 노력의 흔적도 곳곳에서 뚜렷하다.

그러나 60회 가까이 행사를 치르는 동안 진정으로 장군의 우국충정을 주제로 행사를 치른 적이 있었는가? 크게 싸움에서 이겼으니 축하의 제전을 펼쳐서 볼거리, 먹거리, 즐길거리만을 천편일률적으로 제공하는 축제의 장으로 변해가고 있지는 않은지? 곰곰이 손을 얹어 방향의 더듬이를 조심스레 해야 하는 지금이다.

전국시대(戰國時代) 맹자께서는 '덕행이 뛰어나고 지혜가 출중하며 수완이 있고, 지모가 탁월한 사람은 항상 환난과 고난 속에서, 그 자신을 단련했기 때문에 그와 같은 경지에 이른 것이다. 특히 임금에게 버림받아 고립무원해진 신하와 어버이에게 천대받는 서자(庶子)는 그 조심스러움이 백척간두에 서 있듯 위태롭고, 환난이 닥칠 것을 항상 깊이 염려하기에, 그들은 지혜가 늘어 사리에 통달하게 되는 것이다.'라고 통찰하신 바 있다.

장군도 이와 같았기에, 온갖 시기와 모함 속에서도 우국충정의 오롯한 일념만이 자신을 지켜내는 유일한 지주였으리라. 전쟁을 치르고 진영으로 돌아와도 휴식은 과분하여 몸 둘 바 몰라 했던 것이 그의 일기와 시 전부에서 드러난다. 그러한 장군의 정신적 고통과 괴로움을 달래주었던 안식처가 다름 아닌 전란 중의 일기 쓰기와 시의 창작이었으리라. 우국과 충정만이 곳곳에 넘쳐흐르는 장군의 시이다.

철두철미한 무장(武將)이면서도 인정 많은 대 문장가였던 이 충무공의 나라 사랑 정신을 이제 소프트웨어적 방법으로도 적용할 시기가 도래했다. 장군께서 직접 창작한 수많은 시로서 말이다.

이에 부응하듯 근자에 장군의 시를 창(唱)으로 해 봐야겠다는 큰 뜻을 세운 분들의 노력으로 선율선 시조보(旋律線 時調譜)가 여민락에서 발간되었다. 이미 널리 애창되고 있는 「한산도가」를 포함하여 우국과 회한이 서려 있는 18수(首)를 선택하여 다섯 가지 창법을 적용시켜 장군의 위대한 정신을 이어받을 수 있도록 애를 쓴 흔적이 역력한 악보이다.

감정을 실어 자신을 표현하는 수단으로 노래만큼 강한 것이 있을까(?) 엄숙함을 더해 통영문화의 정체성과 혼을 강화하는 또 하나의 방법 가운데, 시조창으로써 대첩축제의 의미를 더 높이는 방법을 감히 제안한다. 전 국민을 대상으로 말이다.

국악의 한 갈래 속에서 생생하게 살아 숨 쉬는 시조창은 결코 낯선 음악이 아니다. 부질없이 질러 대는 고함 소리나, 불편한 소음도 아니다. 조금만 관심을 기울인다면 오묘하고 신비한 맛에 빠져드는 것은 시간 문제다. 우리 조상들이 오래전에 이미 불러왔던 노래이기에 더욱 그렇다.

상상해 보라. 전국에 시조창 동호인만 해도 100만 명을 넘어서고 있다. 이들의 의욕은 대회가 개최되는 어디에서라도, 이루어내고야 마는 강한 선비정신의 자부심으로 무장되어 있다. 이들의 1%만 통영을 무대로 경창대회에 참가한다 해도 통영시는 넘쳐난다.

이충무공의 호국정신을 선양하고 한산대첩의 성전을 되새겨 민족적 자긍심을 고취하고, 축제를 대한민국을 대표하는 세계적 문화 관광 산업으로 발전시키고자 하는 '한산대첩기념사업회'의 주관으로 이 대회가 개최된다면 더할 나위 없다.

지난날 갑옷과 전대(戰帶)를 끄르지 못하고 밤을 지새우며, 통제사의 사명과 책임에 빈틈없이 임했던 완벽주의자. 그에게 정신적 안식을 제공했던 시조의 창작은 장군이 추구하고자 했던 삶의 실체가 고스란히 녹아 있다. 대첩 기념일에 맞춰 그의 시가 한산섬 수루에서 시조창으로 다시 태어난다면 장군께서 더 이상 외롭지 않아도 될 것이다.

그 개최 시기는 원문성(轅門城) 터의 복원과 더불어 빠르면 빠를수록 좋다.

둥섭의 노래

그립지 않은 삶이 어디 있으랴. 현해탄을 건너 당신을 따라 날던 까마귀. 가슴 아린 그리움의 흔적은 간데없고 흐린 날 오후, 초가의 뒤 뜨락에서 서성거리던 정체불명의 수인(愁人)이여! 깃발을 건드리는 바람결처럼 석별의 정은 나뭇가지에 걸리었다. 펼쳐 흔드는 손가락 사이로 들려오는 외침은 정녕 그대의 목소리인가. 정체를 보여다오!

중섭을 아로새겨본다. 11개월(1951. 1. 4~1951. 12) 남짓 서귀포(1.4평의 방에서 4명의 가족이 거주)에서 머물렀던 '은지화'의 흔적을 더듬으면서….

시대의 보헤미안, 외롭고 가슴 시렸던 화가의 서글픔을 이곳으로 옮겨와 최대한 펼쳐버린 이중섭의 문화거리(360미터). 숨결 하나 놓칠세라 서귀포는 그의 흔적을 따라 숨결을 불어넣어 중섭이를 걸어 나오게 하고 있다. 중섭을 제주답게 만들어 버린 서귀포의 캔버스 속으로 오뉴월의 따스한 해풍이 불어온다.

문을 열면 그리움의 바다가 보이고, 아내와 아이들의 얼굴이 보이는 곳. 그 바닷가에 나가 게와 물고기를 잡으며, 환하게 손짓하는 모습이 아내와 함께 선명하다. 중섭의 그림을 이고 있는 가로등 불빛 아래에서 '서귀포의 환상'이 기다렸다는 듯이 보도블록 위로 나타난다. 둥지를 틀고서 네 가족이 단란하게 피난 생활을 했던 곳. 이제는 제주 서귀포의 문화를 대표하는 콘텐츠가 되어 이 거리로 육지 사람들을 불러 모은다.

통영에서도 중섭의 흔적을 재현해 내려는 시도가 복숭아나무를 타고 오르는 아이들과 함께 희미하게 떠올랐다 사라져간다. 예향을 지키는 화백들의 상상력 고갈인가? 훨씬 더 자유롭고 풍부하게 중섭을 그려낼 수 있을 것인데, 중섭이 머물면서 창작의 심지를 돋우던 '나전칠기 기술원양성소'를 스쳐 지나면 여전히 허전한 마음만 낙엽이 되어 쌓인다.

야수의 마음으로 그림을 그렸던 화가의 심정을 어찌 헤아릴 수 없었더란 말인가. 전란의 피난처로 머물렀던 서귀포를 떠나, 현해탄을 건너버린 아내와 아이들을 바라볼 수 있는 가장 가까운 곳은 통영이었다. 그림을 팔아 돈이 생기면 언제든 떠날 수 있는 바람 같은 곳. 머무름과 떠남이 교차하는 분열의 세계에서 벗어나려 발버둥 치던 통영에서 그는 어제도 오늘도 황소처럼 울었다. 꿈속에서라도 달에 가고 싶어 했던 흰 까마귀였다. 그렇게 머물렀던 시간이 2년[1]여였다. 그러나 통영은 중섭이 머문 흔적을 기억 상실증 환자처럼 잊어버리려 애쓰는 것 같다.

이중섭 5 - 김춘수

충무시 동호동 / 눈이 내린다 / 옛날에 옛날에 하고 아내는 마냥 / 입술이 젖는다
키 작은 아내의 넋은 / 키 작은 사철나무 어깨 위에 내린다 / 밤에도 운다
한려수도 남망산 / 소리 내어 아침마다 아내는 가고 / 충무시 동호동 눈이 내린다. (전문)

일찍이 이처럼 통영과 이중섭을 살아 움직이게 표현해낸 몸부림이 있었던가.

적어도 50년 전의 통영과 이중섭은 '꽃의 시인'으로 하여금 살아 움직이며 우리 곁에 덜 미안하게 머물고 있었다. 1977년 시집 『남천』에서 '이중섭' 연작시 9편을 발표하기에 앞서, 대여

---

1) 통영 시절의 작품: 세병관 풍경 1953 / 남망산 오르는 길이 보이는 풍경 1953 / 선착장을 내려다본 풍경 1953 / 초가가 있는 풍경 1953 / 복사꽃 핀 마을 1953 / 까치가 있는 풍경 1953 / 통영 앞바다 / 욕지도 풍경 1953 / 통영 충렬사 풍경 1954 외 다수.

(大餘)께서 국어 교사로 계실 때 학생들을 데리고 이중섭을 체험하기 위해 서귀포에 수학여행을 다녀왔을 정도다. 학생들에게 이중섭을 통영의 예술가로 느끼게끔 온몸으로 가르치고 싶었던 것이었으리라. 이중섭과 고향 통영을 함께 아우르는 시인의 고뇌에 숙연함을 넘어선다.

지금 통영의 예술인들은 감옥에 갇혀 있다. 아니, 스스로 감옥행을 자처하고 있다. 자기도취의 늪에서 헤어나지 못하고 있다. 유아독존(唯我獨尊)이다. 한때 강단(剛斷)으로 세상을 버텨내던 아름다운 소리꾼들은 겨울 코스모스로 시들어 버린 지 오래되었고, 다시금 고독한 계절을 기다려야 하는 처지에 놓여 있다.

다행히도 통영시 항남동 옛 포트극장이 자리하고 있는 도깨비 골목으로 가다 서면 1950년대 초 최고의 아트센터 녹음다방과 성림다방의 지위를 물려받은 '동섭의 다락방 친구들'이 보인다. 「애들과 물고기와 게 2」 그림과 함께 게스트하우스 간판이 단번에 중섭을 느끼게 한다. 실내에는 주인을 닮은 통영의 대표 장식품들이 뭉퉁한 뚝배기 멋을 내며 자리하고, 통영을 빛낸 예술가들의 이력이 주인의 애쓴 보람을 자랑처럼 보여주고 있다. 50평 남짓의 2층 공간은 치열하게 시대의 삶을 관통해 온 통영의 역사가 중섭의 그림과 함께 벽지를 대신하고 있다. 어찌 소소한 마음으로 불꽃의 생애를 살다간 님들의 격정을 모두 담으려 했으리오.

이곳에서 매월 셋째 화요일이면 통영 예술인들은 다 와서 관람해도 넉넉할 이색적인 작은 음악회가 열린다. 시 낭송이 포함되는 다양한 레퍼토리에 시조창은 대미를 장식한다. 수년째 같이 호흡을 해 오지만, 통영의 화가들은 이곳에 오지 않는다. 알 수 없다. 스스로 빛 낼 줄도, 빛내어 줄 줄도 모른다. 빛을 잃어버린 사람들이다.

2년을 머물면서 천재의 고독과 그리움을 송두리째 남기고 간 통영의 이중섭은 왜 그리도 더디오는가.

절망을 넘어 황소를 벗하며, 가족에 대한 애틋한 그리움이 도원(桃園)의 선망으로 변하여 오른편 구석을 장식한 칠판에 가득히 담겨 있다. 자세히 다가서면 '둥섭의 다락방 친구들'이 세밀하게 살아 움직여 중섭의 가족과 함께 생활하고 있음이 보인다. 샛별과 금성이 개밥 바라기와 같은 별이라는 말에 짐짓 놀라지 않는 여유를 가진 집주인은 시인인데, 아직 중섭에 대해서는 시를 써 보려는 시도는 잠시 접어둔 모양이다. 나비와 물고기를 들면 아이들 얼굴은 거꾸로가 된다면서 그의 시 「동백」에 주는 눈길이 야릇하다. 그러고서는 머잖은 어느 날 나의 마음을 담아 액자에 새겨 전시하겠노라며, 중섭의 편지를 천천히 펼쳐 보인다.

"나의 귀여운 남덕, 나만의 소중한 사람이여." 일찍이 역사상에 나타나 있는 애정의 전부를 합치더라도 대향과 남덕이 서로 열렬하게 사랑하는 참된 애정에는 비교가 되지 않을 것이오. (중략)

당신의 발가락에 몇 번이고 입 맞추는 대향의 확실하고 생생한 기쁨은 당신 이외의 세상의 온갖 여신의 온갖 입술에, 온갖 아름다운 모든 꽃잎에, 입 맞추는 기쁨에 비교할 수도 없는 최대의 기쁨이오."

일본으로 떠나버린 가족들을 그리워하며 외로움을 그림으로 견뎌내야 하는 가장으로서의 역할은 차마 어쩌지를 못하는 애정 어린 서글픔이 그대로 묻어나는 편지다. 재회의 숨결이 절절히 배어 있는 아내에게로의 연서는 중섭으로 하여금 미치도록 꿈을 그리게끔 했으리라.

멀리 수평선 위로 태양이 마치 로켓의 꼬리처럼 장중하게 불을 뿜으며 떠오른다. 세월은 긴 겨울의 껍질을 벗고서, 어느새 여름을 지나 국화의 계절로 단장 마쳐가고 있건만, 통영은 언제쯤 그를 맞아들여 통영 속으로[2] 걸어 나오게 할까.

통영의 가을은 「선착장을 내려다본 풍경」 속에 속절없이 한가롭기만 하다.

---

2) 근자에 성모의원 3층(원장 유문두, 해방다리 부근)에다 이중섭의 그림을 통영 나전칠기와 누비로 구현한 '이중섭 화가 기억의 공간'이라는 복합문화공간이 문을 열었다는 소식을 접했다. 책이 출간되기 전에 이 소식을 전할 수 있어서 다행이다.

꽃의 노래

나잠(裸潛) 해녀들의 숨비소리가 파도에 실려 쉼 없이 밀려오는 해평 바닷길. 만선을 자랑하며 나잠선이 포구로 돌아온다. 바닷속 둠벙을 헤치며 삶의 깊이를 가늠하던 거친 일상을 끝내고 뭍으로 내려서면, 포구 앞에는 그녀들과는 어울리지 않는 섬돌 하나가 거대한 성문(城門)처럼 서 있다. 나잠이 이곳에 정착한 지 스무개 성상(星霜)이 더 지났음에도, 선들 스치는 눈가늠에 아주 보란 듯이 익숙해져 어느새 '소, 닭 쳐다보듯' 하는 사이가 된 저 섬돌을 올라서면, 시대를 평론하던 꽃 한 송이가 잠들어 있다.

섬돌 앞, 여느 때와 마찬가지로 꽃은 여전히 입술을 다문 채 눈으로만 옅은 미소를 보내며 방문객을 눈짓으로 맞이한다. 꽃처럼 화려하게 살다가 꽃이 된, 꽃의 시인이 바다를 그리워하며 서 있는 곳. 지금은 세찬 바람이 불고, 한 무리의 방문객들은 제각기 한 장면의 추억을 당신과 나누기 위해 웃음꽃을 피우며 영상을 담아내기 바쁘다.

대여(大餘), 당신은 꽃의 시인. 그 큰 여유로움 속으로 들어가 오늘도 방문객이 되어 당신을 만나고 왔습니다. 그러나 만나는 날마다 아직도 못다 한 숙제 하나가 원죄처럼 남아 있어, 집으로 돌아오면 자책의 종아리를 걷어 올립니다. 하루종일 고기 한 마리 낚아 올리지 못한 낚시꾼의 패배처럼, 멍하니 가슴앓이가 새로이 도지는 듯. 이제 동계훈련의 아련한 추억을 더듬이 삼아 끝내지 못한 한 페이지의 숙제를 마주하며 당신 앞에 섰습니다.

정오의 햇볕이 모처럼 여유로움을 주던 낯선 마을의 쉼터에서 새로 돋아난 꽃잎같이 하얗게 빛나던 네모난 종이. 그 속에서 꽃의 이름으로 당신께서 보내주신 깨알 같은 편지를 읽었습니다. 버려졌던 껌 종이가 군인의 끓는 피로 전해지는 순간, 뜨겁게 달아오르는 감정을 주체할 수 없어 눈을 감았습니다. 아아, 나에게로 와서 꽃이 되는 사연이 이럴 수도 있을까 싶었습니다. 내가 기다리고 있던 당대의 문장을 그것도 엄동설한 군부대의 동계훈련장에서 운명처럼 마주했다는 사실에 신열을 앓

았습니다.

인용에 인용을 거듭하기를 어언간. 연애편지 속의 단골 메뉴가 되어 대필로 인기를 누리던 시절, 힘줄 굵은 사내들의 눈물샘을 자극하는 원천이 되기도 하였던 꽃. 하나의 눈짓. 답장을 받아들고 부대 매점으로 호출하던 부대장의 감격해하던 모습. 다음 답장을 고민하던 상관들의 구세주가 되곤 했던 시구(詩句)의 힘은 한 접시 불을 밝히고도 남았습니다.

그러나 읽으면 읽을수록 깊이를 가늠할 수 없는 또 다른 세계가 있음이 깨달음으로 다가오던, 컴컴하고도 심원한 공포가 느껴지던 그 순간, 나는 더이상 이 시를 인용할 수 없었습니다. 불에 데인 듯 흠칫 놀라 정신을 차렸습니다.

이름 할 수 있는 이름은 상존하는 이름이 아니라는 비상명(非常名)의 원칙에서 이탈할 때, 남아 있을 괴로움을 꽃이라 이름 지어 던져놓고 당신은 떠나 버렸습니다. 마치 당신께서 즐겨 매고 다니던 갖가지 나비넥타이의 선택처럼.

또는 어린 시절 보물찾기 속, 이름할 수 없는 수많은 보물들이 예쁜 이름을 붙여주기를 기다리면서 뿌려져 있는 것처럼. 시간적으로 유한하게 이름할 수 있는 개성을 가진 존재에 쏟아부었던 관심과 애정이 비로소, 내게로 다가와서 소중한 의미가 되기를 희망하면서….

대여(大餘), 그러나 정작 당신에게 있어서 가장 아름다운 말은 '꽃'이 아니라 '아내'이었음을 알고 있습니다. '거울 속의 천사' 당신께서 그토록 사랑했던 아내에 대한 그리움은 사별을 믿지 못하는 슬픈 곡조가 되었습니다.

"지금 꼭 사랑하고 싶은데 / 사랑하고 싶은데 / 너는 내 곁에 없다. / 사랑은 동아줄을 타고 너를 찾아 / 하늘로 간다. / 하늘 위에는 가도 가도 하늘이 있고 / 억만 개의 별이 있고 / 너는 없다. 네 그림자도 없고/발자국도 없다./이제야 알겠구나 / 그것이 사랑인 것을."(제22번 비가(悲歌) 전문)

당신 곁을 떠나자 천사가 돼 버린 그래서 낯설고 신선한 아내, 당신을 흔들어 깨우던 아내. 그 아내는 춘풍을 타고 물가에 내려서서 사뿐한 걸음으로 갈매기 울음소리를 내고 있습니다. 자다가도 벌떡 일어나 바닷소리 들리는 그곳 통영에서.

대여(大餘), 당신을 시인으로 이끌어 주었던 경험을 고향 통영에 남겨 놓지 못한 절실한 안타까움 하나가, 마저 갚지 못한 고향 빚으로 남아 있습니다. 늦지 않은 말년에 고향으로 돌아올 수가 없었다면, 그래서 고향의 문인들과 함께 대화라도 한 번 나누는 자리를 만들 수 있었다면, 그 목소리 쟁쟁하여 당신의 기일(忌日)에 울려 퍼질 수 있을 것을.

언어로부터의 해방을 꿈꾸며, 절대의 자유를 누리고 싶어 했던 당신의 엄숙한 철학을 당신의 고향 후배들에게 살아생전 육성으로 조금이라도 남겨 놓았더라면. 돌아가는 배를 타고 돌아왔어도 괜찮았을 당신의 고향은 아직도 왜, 말년을 고향에서 보낼 생각을 하지 않았는지 애석히 여기고 있습니다.

70년여 전(1948년) 『구름과 장미』의 서문[1]은 살아있는 현실로 자리매김되어, 제1회(2000년) 수상자가 되는 기쁨을 선사했지만, 여전히 고향은 더 많은 선물을 준비해 놓은 듯합니다. 수구초심(首丘初心)보다도 더 쉬운 생각으로.

이제, 묵객의 발길만이 당신께서 통영 출생이라는 것을 증명할 뿐, 청마의 사랑 하나 출산하지 못한 채 당신의 고향은 타향이 되어가고 있습니다. 한려수도로 트인 그 바다. 당신 시의 뉘앙스가 되어 주었던 마음의 바다는 여전히 그대로인데, 같은 하늘 아래가 그렇게 멀기만 했습니다. 대구에서 서울에서 살면서 반나절이면 올 수 있는 그 길을 왜, 그리도 멀게만 생각했을까요. 멀었어야 할 마음속이 길이 따로 있었던 건가요?

역사 허무주의도 살아서만 소용된 버려져야 할 유산. 사물의 이치를 꿰뚫어 보던 예지(銳智)의 통찰력이 잠시 숨어든 사이에

1) 김춘수의 첫 시집. 청마 유치환은 서문에서 "그(김춘수)가 그의 앞길을 스스로 버리지 않는 한 반드시 대성할 것과 시단의 유니크한 자리를 차지할 것을 우리는 믿어도 좋으리라."고 썼다.

고개를 내밀었던 야수와의 밀회. 그러나 고향의 품은 넓고도 넉넉하여 작은 티끌도 사랑으로 감싸 안을 준비를 하고 있습니다.

그리움만 품에 안고서 바라보고 있을 통영. 남쪽 고향 바다의 빛깔은 여전히 쪽빛입니다. 그 위로 당신의 유년 시절이 화동처럼 나풀거리며 걸어가고 있습니다.

유난히 더운 올해 여름. 북신리(北新里) 어귀[2)]에서 해 저무는 까치 소리를 들을 수 있도록 고향의 사랑을 돌려주소서. 홀로 앗아간 청마의 사랑을 돌려주소서.

경기도의 낯선 땅을 떠나 고향 땅 보금자리로 다시 돌아와야 하는 것은 그러한 까닭입니다.

---

2) 통영시 북신동의 옛 지명. 김춘수의 시 「청마 가시고, 다시 충무에서」의 한 구절.

청마(青馬)의 노래

사흘째 메말랐던 대지를 적시고도, 보란 듯이 땅을 파헤치는 호미 같은 비가 내린다. 아직은 정리되지 않은 채 웅성거리는 기억의 터널을 따라, 흐릿하게 조각된 발자국을 찾아서 밤길을 나선다. 빗살무늬 오랏줄로 수놓으며 엄습하던 혼란은 조금 수그러든 듯하나, 칠흑의 가로등 아래로 모여드는 빗줄기의 기세는 여전하다.

청마, 내 뜻을 세워가던 나이의 반분(半分)을 앗아가 버렸던 이름. 오늘 애틋하게 남아 있는 러브스토리의 그리움만이 흘러가는 물줄기로 변해버린 당신의 거리에 서서, 가슴속으로 치밀어 오르는 알 수 없는 실체에 홀리어 밤길을 두리번거린다. 이 거리를 있게 한 당신의 흔적이 아직은 청명하게 개인 하늘로 다가오지 못하고 있다는 것을 당신은 알지 못하고, 자랑처럼 사랑과 행복만을 펼쳐 놓고 있는 이 밤. 흐르는 빗물처럼 가 버리고 말아서는 안 될 교감(交感)하는 운명을 껴안고, 제집처럼 드나들던 우체국을 앞에 두고서 당신의 생애를 돌아본다.

차가운 겨울, 부산의 밤거리에서 비명으로 떠나간 지 50년. 당신의 꿈을 비웃던 고향 땅 통영을 떠나 북변의 광막한 벌판의 끝에서부터, 이지러진 세월 속으로 새겨지는 당신의 탄생 110년. 그날을 기념이라도 하듯 암수(暗愁)의 비는 하염없다.

청마, 내 나약한 마음의 심지를 밝혀 등불이 되어 주었던 이름. 가슴속에서 펄럭이던 깃발이 공중에 매달려 나부꼈을 때, 견딜 수 없었던 나의 애수여! 불안한 밤길 정처 없이 헤매던 청춘의 고뇌를 당신의 바윗돌로써 흔들리지 않도록 단단히도 다져 주던 위안이여! 언젠가 만나지면 술 한 잔 따르리라.

그러나 여태껏 한 번도 실행에 옮겨보지 못한 채, 유명(幽冥)을 달리했던 당신의 나이가 되어버린 지금. 만주로 떠나가던 서울의 마지막 밤, 다방 '에리자'에서의 여로의 한 대목을 펼쳐 본다.

"선생님 몸조심하세요, 얼마나 고생이 되실까?"

여급이 유치환에게 잔을 올렸다.

"고맙습니다. 고생이야 어딘들 없겠습니까. 한번 가서 살아보는 거지요."

두터운 안경에 미소를 띠우며 유치환이 잔을 받아들자,

"선생님 저는 선생님의 애독자예요."

여급은 얼굴을 붉히며 말했다.

"아, 그래요? 나 같은 사람의 시를 허허."

유치환은 허허 웃어가며 술을 마셨다.

(중략)

"허허 좋은 여인을 알고 떠나는데, 허참."

다시는 돌아오지 않을 듯이 북만주로 떠나가던 당신을 붙잡지 못한 고향 땅. 이곳에서 만나보는 당신은 낯설은 손님, 내 마음 천 갈래 찢기어도 너를 두고 떠나가야만 했던 불편한 심사가, 떠밀려 온 폐선처럼 끝내 고향 사람들에게는 얄궂은 가슴앓이로 남아 있음이여!

청마, 고향 땅 통영을 새색시 마음으로 꽃같이 그리워했던 사람. 언젠가 당신께서도 정운(丁芸)을 생각하며 걸었을 해방다리를 지나면, 당신의 이름으로 새겨진 옛 그림자가 나타납니다. 당신의 향기를 그리워하는 사람들의 애틋한 손길이 빚어놓은 동판 위로 새겨진 교가(유치환 작사, 윤이상 작곡)들입니다. 두룡초등 · 통영초등 · 진남초등 · 충렬초등 · 통영여중고 · 통영고 · 유영초등. 당신의 의지를 확인이라도 하려는 듯, 굵어진 빗줄기는 새겨진 글자마다에 다시금 바늘이 되어 한 땀 한 땀 수(繡)를 놓듯 파고듭니다.

당신의 교육철학이 스며 있는 이 거리. 당신께서 산새처럼 찾아갈 고향을 목 놓아 그리워한 것처럼, 지금의 고향 사람들은 얼마만큼 당신을 생각할까요. 제각기 바쁜 사연으로 오가며, 내일을 준비하는 사람들의 총총걸음에서, 당신의 이름은 천천히 잊혀 가고 있습니다. 다가올 미래의 안타까운 어느 날에도.

청마, 당신께서는 말이 없던 사람. 말수보다 웃음의 횟수가 더 많았던 사람. 누구와도 미워하고 원망하고 다투려고 하지 않았던 사람. 끝내는 착함마저 벗어던지려 했던 사람. 아 아, 사람보다 훨씬 더 천지와 더불어 대화하던 사람. 당신께서는 자기주장을 내세우지 않고 몸소 도덕을 실천했던 참된 모럴리스트.

영원한 야당인으로 당신 삶의 지향점을 직선화했음에도, 고향 땅 통영은 변곡(變曲)으로 짐을 지워도, 안으로만 채찍하여 소리하지 않는 바위가 되리라 했던 사람.

내 모질고 독하게 당신을 사모한 지 30년. 당신께서 유명(幽冥)을 달리하신 다섯 달 뒤. 베를린 땅에서는 '동백림'이라는 해괴망측한 사건이 벌어졌습니다. 그 사건의 주인공이 당신과 함께 통영문화협회를 만들어 교가 지어주기 운동을 벌였던 윤이상 선생입니다. 민족 화해와 통일의 비원(悲願)이 사실 날조와 중상모략의 누명을 쓰고서 추방을 당하였던 것입니다. 그로 인해 선생께서도 끝내 고향 땅 통영을 밟아보지도 못한 채 이국의 음습한 땅에 누워 계십니다. 다행히도 '윤이상 탄생 100주년'을 맞아 정부와 고향 땅 통영에서는 대규모 추모행사가 열릴 예정입니다.

당신의 탄생 100주년을 뒤돌아봅니다. 누구를 원망하고 누구를 한(恨)하리오. 그러나 다시 돌아온 고향 땅 통영에는 흔들리지 않는 당신을 향한 애증(愛憎)이 살아있음을 나는 보았습니다. 휩싸고 도는 님의 침묵처럼….

24

2

빗소리 소묘

빗소리 소묘

이른 새벽, 나의 일터는 야행성을 가진 만물의 집합소다. 풀 벌레, 불나방, 떠돌이 강아지, 길고양이, 늦은 귀갓길에 가족의 눈치를 달래야 하는 취객의 어린양, 야간 조업을 떠나는 어부님들의 불빛 신호 그리고 자연이 보내오는 생명의 소리가 함께 어우러지는 한바탕 장터이다.

그중에는 양철지붕도 끼어 있다. 양철지붕은 비바람막이 역할 뿐 아니라, 천상의 소리를 모아 감미로운 선율로 자작시를 낭송해 주는 월하빙인(月下氷人)을 자처한다. 지난해 조화를 부려 설치해 놓은 3단으로 된 작은 계단식 양철지붕이 그 절묘함의 주인공이다.

정체를 뚜렷이 드러내는 마디 굵은 빗소리, 그림자도

없이 땅을 찾아 내려오는 밤이슬. 이들의 미세한 움직임에 소묘와 청음의 몰입을 요구하는 것도 양철지붕이다.

첫 번째 계단에서 새끼손가락 크기의 힘을 모은 다음, 두 번째 계단을 내려설 때 이슬은 방울로 뭉쳐져서 비로소 소리를 내기 시작한다. 스타카티시모로 이어지는 이들의 연주에 양철지붕은 스스로 악기가 되어 화음으로 대답한다. 세 번째 계단에서 그들의 자작곡은 쇠로 된 사각기둥 속에 고스란히 고여 들어 소리굽쇠의 울림으로 다가온다. 귀를 대고 있노라면 그들이 부르는 노랫소리에 계단을 따라 길을 나서는 물방울의 모습이 그려진다. 일정한 간격으로 지휘자의 몸짓에 따라 끊어졌다 이어지기를 반복하는 그 모습을 응시하는 것은 바람이다. 바람이 지휘자가 되는 순간이다. 그들이 양철판의 골을 타고 흐를 때 지휘자는 연주를 할 수 있도록 힘을 모을 준비를 해 준다.

물방울들의 세레나데가 끝나는 지점은 물받이다. 사방에서 모여든 그들의 힘은 커질 대로 커졌고, 양은 한껏 불어나 있다. 모의는 예사롭지 않다. 건너갈 준비를 하는 것이다. 처마의 빗물받이를 떠나 지상에서 울려야 할 소리를 생각해 낼 차례가 된 것이다. 건너감의 지혜로 그들은 또 다른 음을 만들어 낼 것이며, 그 목소리로 다시 하늘의 별이 될 꿈을 꿀 것이다.

이슬의 연주가 없는 날, 궂은비의 노래는 마음을 어지럽게 한다. 젊은 날 천방지축으로 떠돌다 돌아와 쓰린 속을 어루만지며 엊저녁을 참회하는 신음과도 같다. 뭉텅이로, 폭포수로, 때로 감로수로.

아우성을 불러오는 양철지붕 위의 채찍은 비의 경지를 넘어서기에 두려움을 자아낸다. 그러나 포도(鋪道) 위로 사정없이 내리꽂히는 저 우렁찬 소리를 듣노라면 별안간 두려움은 사라지고 전장 터의 고요로움이 전신을 휘감아 돈다. 전율이다. 물방울이 안겨주던 감상의 모습은 더 이상 어디에도 찾을 길 없다.

작살비는 건설 장비가 바위를 깨듯 날카롭다. 그 소리는 농부들의 한숨 소리도 집어삼킨다. 이제 막 움을 틔우기 시작한 새싹들이 속절없이 떠내려가는 것을 지켜봐야 하는 하늘이 땅을 내려치는 소리다. 산천초목이 몸서리치는 그 모습을 보며 인간은 성장해 간다.

가랑비는 나그네 길 떠나는 소리다. 가을밤에 내린다면 떨켜를 키워 나뭇가지와 이별을 고해야 하는 가랑잎 떨어지는 소리와 흡사할 것이다. 그러나 안개비는 새색시 발걸음으로 찾아온다. 그대의 집 창가를 살며시 두드리는 소야곡이다.

여름날 소낙비는 건설 현장의 달아오른 열기와 땀을 식혀 주는 청량제다. 무욕의 경지에서 두들기던 망치질에 노랫소리가 힘으로 더해지는 박씨의 피로 회복제이다.

아파트 방충망 너머 수직으로 떨어지는 빗줄기는 엘리베이터를 생각나게 한다. 초가을 언제였던가, 갑작스레 내린 비에 쫓긴 바바리코트의 풋풋한 여인의 머리칼에서 스며 나오던 방금 뿌린 향수 내음. 엘리베이터 안에 남겨 두고 떠난 그녀의 흔적은 두고두고 초가을 빗소리를 되새김하게 한다.

늦가을 새벽 기상을 알리는 알람 소리가 되어 나의 창을 두드리며, 억센 울음소리와 함께 찾아오는 빗소리는 근심을 자아낸다. 먼 이국땅으로 일자리를 찾아 떠나던 아이와 작별하며 활주로를 벗어나던 비행기의 굉음으로 다가온다. 아이는 부모를 부모는 아이를 걱정하며 전하는 마음과 같이 애절하다.

그 빗소리에 더하여 생각나는 빗소리는 반가운 빗소리다. 임께서 짐을 매어 놓고 떠나시려 하는 이날 어둔 새벽부터 시름없이 내리는 비이다. '부디 머나먼 길 떠나지 마오시라. 말리는 정이 나보다 더한 고마운 비, 꿈을 깨니 반가운 빗소리에 매어 둔 짐을 보고 눈을 도로 감으오.' 가람의 빗소리는 곧 헤어져야 하는 슬픔을 잠시나마 잊어버리도록 마음을 다독여 주는 안도의 한숨 소리가 숨어 있다.

열대성 폭풍우의 강력한 도발에 능숙하게 대처하는 어부들의 둔탁한 목소리도 양철판을 두드리는 빗소리에서 시작된다.

성난 물결도, 유유히 흘러가는 강물도 모두 빗소리가 만들어 낸 것이다. 들판에서 자라나는 초목들도 빗소리가 만들어 낸 것이다. 그 소리를 듣고 그들은 꽃으로 열매로 태어난다.

대지 위의 가장 귀한 존재, 인간 또한 말해 무엇하랴. 4단 7정의 감정들이 순하고 거칠어지고, 멀고 가까워지는 가운데, 때로 따스하게 들려오는 빗소리를 재료 삼아 선율로 태어나게 한다. 여민동락(與民同樂)의 왕도도 빗소리가 만들어 낸 것이라면 지나친 고백일까.

아침 해가 처마를 끼고돌며 한 줄기 빛으로 바로 그때 반짝하고 찍힌다. 엄동설한을 견뎌낸 부연(附椽) 끝의 고드름이다. 산사(山寺)의 사람들이 불현듯 터트리는 오도송(悟道頌)도 빗소리를 재료 삼아 깨달음의 선율로 태어나는 것을….

24시 편의점

갓 말을 배우기 시작한 어린아이들의 목소리는 옹달샘이다. 오직 제 엄마하고만 통하는 대화이어도 손을 잡고 들어보면 솔솔 부는 봄바람이다. 진열된 물건에 눈을 맞대고 혼자 재잘거리는 모습에서 생의 찬미를 느낀다.

태어나기 전부터 같이 놀던 친구처럼 손 발짓을 해가며, 이야기를 풀어내는 재주는 만담가 장소팔 선생을 따라 배운 것처럼 다양하고 재미있다. '예술은 짧고 인생이 길었으면 좋겠다.'는 말은 이런 때 내가 지어내고 싶은 말이다.

이른 새벽 뒤뚱거리며 귀한 단골손님이 오신다. 엄마

가 먼저 재촉하지 않았을 텐데, 아닌 밤중 홍두깨다. 자세히 보니 금방 울다 남은 눈물 자국이 선명하다.

"우리 아나운서 오셨네요." 이렇게 일찍 편의점을 방문한 이유도 눈치채 볼 겸 말인사를 건네본다.

"할아버지한테 인사드려야제." 셋만 통하는 간단한 대화가 오가면 곧잘 하던 배꼽 인사가 오늘은 바로 연결이 아니 된다. 조금 전 집에서 있었던 고집통이 가라앉지 않은 것이 분명하다. 까닭이 자못 궁금해져 옆으로 가까이 가서는 눈 맞춤을 해 본다.

아뿔싸, 순식간에 예상찮은 사건이 터지고 말았다. 겨우 삼켰던 울음이었는데, 한 대 쥐어박은 꼴이 된 것이다. 퍼질러 앉아 두 다리로 바닥을 비벼대며 더해 가는 울음소리는 통곡(慟哭)이 따로 없었다.

새벽 마트에서 보꾹을 뚫을 듯이 울려 나오는 어린아이의 울음보. 가끔가다가 지나가는 자동차 소리만 고요히 들려오는 밤중에 기습적으로 터져 나온 함성이다. 그런데도 엄마는 당연히 그러하듯 뒤에서 물건을 고르느라 한 번 흘낏 봄도 없다. 일부러 그러는 줄 모를 리 없지마는, 옷이 흥건하도록 오줌까지 싸대는 일대 사변이 일어난 일에 있었어랴!

난처한 상황을 수습해야 할 책임자가 숨어 버린 울음바다의 현장에서, 단골손님을 달랠 만한 기발한 묘수는, 잃어버린 옛날처럼 찾을 수가 없었다.

세상사 모두를 껴안고 스물네 시간 쉼 없이 편의점은 돌아간다. '24시 편의점'. 그 가운데 나의 몸도 의탁되어 같이 돌아간지 십 년이 지나고 이삼 년이 더 지나간다. 몸과 마음이 적응되지 않아 꿈꾸는 법조차 잊어버렸던 첫해를 넘기면서, 똑같이 밤새워 불을 밝히는 수많은 편의점이 있다는 사실도 그때 알았다. 불야성의 한복판 대도시는 물론, 울릉도에도 있고 욕지섬에도 있었다.

그곳을 삶터로 정한 사람들의 낮과 밤은 굳이 구분을 두지 않아야 적응을 해낼 수 있다. 시간과의 싸움이 아니라 시간과 타협을 해야 한다. 서로 사이좋게 조정하고 협의해야만 작은 기쁨을 찾아낼 수 있다.

대도시의 편의점과는 달리 소도시 특히 읍면 단위의 편의점들은 옛날 구멍가게(廛房)에서 조금 발전된 모습에 다름 아니다. 수십 년을 함께 해 온 이웃이거나 마을 주민이 주 고객이다. 넥타이에 정장을 했거나, 원피스에 예쁜 구두를 신은 고객은 명절 때나 되어서야 볼 수 있는 풍경이다. 경운기 모터 소리나 아이의 울음소리를 항다반(恒茶飯) 삼아야, 정(情) 속에 토속(土俗)을 심는 시골 편의점이 되는 것이다.

까만 밤중, 그칠 줄 모르는 아이의 울음을 달랠 만한 곳이 어디 있으랴. 해결사가 될 만한 장소로 편의점을 택해서 달려

온, 세 살배기 풋 엄마의 재치 있는 자식 사랑이 착한 믿음으로 뭉클 다가오는 새벽이다.

“엄마가 훈이 꺼 샀는데.” 야단으로 헝클어져 있던 매장이 일순간 고요에 휩싸인다.

‘아무렇지도 않고, 예쁠 것도 없는 사철 발 벗은 아내.’ 신혼 초 서툴렀던 단칸방의 육아일기를 안고 일상을 시작하러 오신다.

풍경(風磬)

산사에 바람이 찾아오면 이승의 그리움도 함께 온다. 봄바람이 몰고 오는 그리움은 향기가 짙다. 산사 위로 펼쳐진 그리움을 색칠할 파란 도화지는 종달새의 하늘이다. 곱디고운 지상의 꽃들을 품에 안고 박차(拍車) 오르는 종달새의 울음에 섞여 골짜기로 내려오는 소리가 있다. 들릴 듯 사라졌다 다시 살아나오는 풍령(風鈴)이 흔들리며 내는 소리다.

들뜬 마음이 봄처럼 피어나던 중학교 음악 시간, 너를 처음 만났다. '그윽한 풍경소리'로 들려오던 '성불사의 밤'으로. 산사의 한적한 밤 풍경(風景)을 소리로 표현해낸 시인의 낯설고 이상스런 상상력이 범벅된 채 내

의식 속에 오랜 세월 깊게 잠들어 버렸었다. 세상을 배워가던 사춘기. 성불사의 밤경치와 풍경 소리만 남긴 채.

그러나 너의 위대성을 일깨워 준 것은 우연한 기회에 받은 선물이었다. 물고기 모양의 금속판이 매달린 작은 종.

풍경 소리의 표상(表象)이 마음속에서 깨어나고 소리의 여운만을 전달해 주던 경쇠의 기능을 넘어서던 때. 관심 밖에 머무르고 있었던 너는 동무 새의 울음소리로 다가왔다.

봄풀 향긋한 춘야의 창밖. 너는 흔들리면서 노래 불렀고, 나는 그 소리를 받아 떨면서 흔들렸다. 날카로운 쇳소리의 여음, 못다 부른 이승의 노래.

수도의 길에 들어선 사람들이 언제나 깨어서 수행해야 한다는 장엄한 경계(警戒)의 표시. 그에 더하여 화마(火魔)를 퇴치하는 파수꾼 임무까지 맡고 있는, 너를 바라보고 있노라면 그 역할의 심오함에 놀라 몸이 움츠러든다.

더욱 크게 너의 모습을 그려본다. 성불사의 밤 풍경과 풍경 소리는 여전히 그대로인데, 맑고 명랑하기 짝이 없는 이 울림이 이제 나의 방문에서 대롱대롱 은구슬로 들려온다.

새벽 근무지로 향하는 어깨너머로 살그머니 따라와 속삭인다. 금방 속삭여 주던 여음을 만져본다. 신혼의 달콤함으로도 만들어 낼 수 없으리라.

몇 번의 봄이 지나가도 내게 다가왔던 너의 첫 음성을 그대로 간직할 수 있을까.

도시가 내뱉는 향락의 소음에서 벗어나 적정(寂靜)의 경지 어디쯤 너를 찾아 만나면 나는 나의 사춘기를 고백하리라.

'저 손(客)아 마저 잠들어 혼자 울게 하여라.'

승부수

바둑에서 우리는 사랑을 배운다. 그 사랑의 모습은 담 모퉁이 뒤에서, 살포시 얼굴을 내밀고 상대방의 눈빛에다 강렬하게 보내는 애정의 신호와도 같다. 지그시 오른쪽 윙크를 보내어서 마주 보는 사람의 마음을 빼앗아 마침내 나의 것으로 만들어 버린다.

그러나 그 메시지는 특별하다. 소리 나지 않는 간편한 신호 전달법이기 때문에 사지가 자유롭지 못할 때, 말을 할 수가 없을 때, 상대방과 진지한 대화 중일 때 등 여러 제약 상황에서 유용하게 쓰인다. 처해진 상황이 매우 중대하고 절박할수록 더하다. 세계적으로 이목이 집중되는 바둑 대회일 때 그 사랑의 농도는 짙다. 무엇 때문인가?

묘수(妙手) 때문이다. 스무 살 안팎의 젊은 여인이 고안해 내는 몇 수 앞이면 그 짙음의 농도는 더하다. '묘(妙)' 자는 그래서 승부수를 띄울 때 고안해 낸 글자가 아닌가 생각한다. 젊은 여인이다. 여인의 마음은 알기 어렵거니와 특히 젊은 여인의 마음은 더욱 그렇다. 본인도 모르고 귀신도 모른다. 그윽(幽)하고 가물(玄)한 상태, 신의 한 수는 바로 여기에 숨어 있는 것이다.

정치판에서 나타나는 묘수는 차원을 달리한다. 돈을 받았나(?) 기억이 안 난다. 대가성이 아니다. 확인해 보겠다. 이번 출마가 마지막이다. 막말과 허풍이 판치는 선거 중 유별난 곳이 국회의원 선거다.

묘수로 대결하라. 상대를 압도하는 신의 한 수, 승부수를 찾아낸다는 것은 기발한 언변의 묘수를 찾아내는 것이다. 가령 '박 바가지에 구멍을 내려면 송곳으로 뚫어야 합니다. 턱도 없는 기구로 뚫으려고 하다가는 바가지를 깨트리고 마는 법입니다. 바가지를 깨트릴 위험이 없는 32년간 송곳을 다듬은 기호 0번을 확실하게 밀어주십시오.'

시민들이 듣고 감동했을 때, 시퍼런 기세에 다른 한쪽이 기가 죽어 돌을 던지고 만다. 말의 승부수는 판세 자체를 흔드는 기능을 한다.

복싱 영웅 무하마드 알리는 타이틀 매치에 나서면서 '나비처럼 날아서 벌처럼 쏘겠다.'라고 경기 시작 전에 일찌감치 승부수를 던진다. 아마도 상대방은 경기 내내 그 말의 뜻을 해석하느라 펀치를 내미는 순간순간마다 경기에 집중하지 못할 것이다. 손을 쓰지 않고도 반은 이겨놓은 셈이다. 각고의 노력 끝에 완성된 경험의 결정체가 바로 승부수인 것이다. 승부가 촌각을 다툰 사이에 이루어졌어도, 자신도 모르는 사이에 묘수가 개입된 것이다.

글에서의 묘수는 '동짓달 기나긴 밤을 한 허리 베어내 / 춘풍 이불 아래 서리서리 넣었다가'가 꼽힌다. 임이 오지 않는 날이면 그냥 흘려보내야 할 금쪽같은 시간을 반을 잘라서 이불 속에 차곡차곡 넣어 두었다가 임이 오시면 다시 이어붙여서 여삼추(如三秋)같이 쓰겠다는 간절한 소망이자, 그리움의 승부수이다.

알파고와 맞붙을 당시의 이세돌 기사는 그가 태어난 순간부터 그 상황에 이르기까지 가장 극심한 정신적 고통에 시달렸다고 한다. 이미 승부는 판가름이 나버린 것이다. '기존에 효율적으로 생각했던 정석이나 수순에 대한 고정관념은 깨졌다. 바둑의 새로운 발전을 위한 신선한 자극이 될 것이다. 그러나 인간을 대상으로 이벤트하듯이 소프트웨어를 실험하는 것은 과학 철학적 측면에서 비판받을 수 있다.'라는 기보 평론가의 적절한 보상은 주어졌지만, 복싱 영웅 알리의 경쾌한 묘수를 써 보지 못한 아쉬움이 남는 경기였다.

'내 생각을 말할 때 겸손하지 않을 수 없는 건, 내 생각은 실은 내 생각이 아니기 때문이다. 내 생각은 수많은 체험과 충격과 학습과 주입 따위들이 내 신체를 거쳐 흐르다 남긴 자국 혹은 상처들이다.' 무라카미 하루키가 소설 쓰기와 마라톤을 병행하면서 체로 걸러낸 이 말은 정신노동을 육체노동으로 승화시킨 묘수이자 승부수이다.

풋벼의 기다림

사람들은 흔히 자기를 몰라주면 속상해하고 서운한 감정을 드러낸다. 대들기만 하면 모든 것이 해결될 것처럼 분별없는 기상만이 하늘을 찌르던 철부지 시절. 아버지와의 싸움이 늘상 그러했다. 누르던 크기에 비례해서 덩치를 키워 가기만 하던 불만 덩어리는 검붉은 장미였다.

그때는 결국 아버지의 시야에서 멀어지는 방법 외에는 달리 자신을 억누를 방도가 없었다.

돌이켜보면 주체 못 할 이유도 없었는데 그렇게 어려웠던가. 아버지를 위해서 내가 해야 할 일을 스스로 찾아내는 용기가 없었던 것이. 씁쓸한 웃음마저 채찍이 되어 고개를 숙이게 한다.

기일(忌日)에 엄숙히 독축문(讀祝文)하던 중이라도 당신의 얼굴을 바라보면 어른스러운 말은 어디로 가 버리고, 마음을 몰라주던 그때의 야속함만이 아직도 등줄기를 타고 식은땀으로 흘러내린다.

사정이 이렇듯이 부모 자식 사이에도 서로 간의 마음을 몰라주면 불만의 꼬챙이를 치켜든다. 뜻을 관철하기 위해 물을 엎지르기도 하고 불화살을 쏘아대기도 하는데, 하물며 남과의 관계에 있었으랴.

몇 해 전, 어느 문학지의 출판기념식에서 하도 생생하고 아슬해서 심장이 두근거렸던 일이 있었다. 타지에서 초청받아 특강을 하게 된 교수와 지역 인사 및 여러 문인이 참석하여 자리를 지키는 가운데 시장이 축사를 하던 도중이었다.

분위기가 무르익어 순탄하게 진행되어 가던 행사장에 검은색 안경으로 무장을 하고 큰 키를 앞세우며 연단 앞으로 걸어가는 사람이 있었다. 금방이라도 시비를 걸어 부딪쳐 보자는 거침없는 심사가 훤히 읽혀 보였다.

난데없는 상황이 극도의 긴장감으로 응축되어 수십 초간 지속된 공간의 심리 상태여!

모두들 어찌 된 영문을 모르고 있던 와중에도 대강은 눈치를 채는 몇몇 인사가 있는 듯했다. 그러나 뛰어나가서 만류하기에는 이미 연단과의 거리가 너무 짧아져 있었고, 엄숙해야 할 분위기에 자칫 뿌리침을 당했을 때는 오히려 기상만 높여 주는 꼴이 될 것이 뻔했다.

축사를 하던 시장의 심사 또한 어떠하였을까? 온갖 상념이 머릿속을 헤엄치던 순간, 그 인사는 연단 직전에서 시장을 향해 불만 가득한 시선을 던지고서는 우측으로 방향을 돌리는 것이었다. 한바탕 얼음물을 뒤집어쓴 듯이 정신이 번쩍하는 순간임에랴.

기행(奇行)과 소신이 남다르던 인사의 일탈을 목격한 이후로, 있는 그대로를 숨김없이 드러내어 감정을 표하는 행위에 때와 장소를 막론하지 않는다는 것에 정당성을 고민하게 된 것은 우연이 아니다.

본인의 의도된 연출이었을지라도 축하를 위해서 찾아온 많은 사람들의 우울했던 그날 기분을 생각한다면, 해프닝으로 끝내 버리기에는 석연찮은 의문과 궁금증을 남겨 놓았다.

쌀 중에 찐쌀이 있다. 논에 물길을 만들기 위해 일찍 버림을 당한 풋벼가 주재료이다. 채 익기도 전의 벼를 베어 낱알을 훑어 쪄서 햇볕에 말린 다음 도정(搗精)을 거쳐야 얻을 수 있는 이름이다.

덜 여문 벼로 만들어지긴 했으나 그 진가는 일반 벼가 해낼 수 없는 역할로 모습을 드러낸다. 보릿고개를 넘어 양식이 떨어져 갈 무렵의 양식 대용으로, 또는 입에 불려 오래오래 씹으면 특유의 고소하고 쫀득함 때문에 군것질거리로, 그 구수하고 은은한 맛은 봄날 아지랑이가 되어 피어오른다. 턱이 아파와도 주머니 속에 계속 손이 갈 정도로 존재감은 톡톡하다.

우리 모두는 이름이 불리기를 원한다. 타인의 인정(認定)과 관심은 누구나가 바라는 바이다. 시대적 배경이나 지역적 정서의 불리함 속에서 태어남, 그 자체가 원죄일지라도. 묵묵히 자신의 위치에 서서 주어진 역할을 다 해내는 그 슬기로움이 곧 자신을 드높이고 인정받는 지름길이 아니겠는가. 버려질 운명에 놓였던 풋벼의 기다림처럼 말이다.

대범하게 스스로를 내던지는 인고의 세월 속에 도를 닦듯 길러둔 비범한 실력이 있다면 무엇이 두려우랴!

'인부지이불온(人不知而不慍), 불역군자호(不亦君子乎)!'

쯧쯧과 핫바지

두 도사의 애칭이다. 본시 한 뿌리에서 나왔으나 까마득하여 끝을 알 수 없다. 뜻을 얻어 물의 나라를 다스릴 만한 심오한 도법을 터득하였고, 백발이 성성하도록 도술 전파에 전심전력을 모두 다 하였다. 일세를 풍미했던 삶의 편린은 도술에 녹아들어 싱공 신화의 장본인임을 자처한다. 한 번 주문을 외우면 그대로 비를 불러오고 회오리바람을 일으키는 신통력이 있어 타의 추종을 용납하지 아니하였다. 사마 중달을 조롱했던 오장원의 결전이 그러했던가.

느지막이 같은 배를 타게 되었으되 좀처럼 만나 지지가 않았다. 강호의 일전은 피할 수 없게 되었지만, 서로를 잘 아는 터라 일부러 피한 기색이 역력하다.

'모두수고'라는 주문(呪文)으로 도술을 날리던 쯧쯧 도사의 술법은 은둔 지략형이다. 수신(修身)을 도술의 근본 바탕으로 삼아 내공은 천길 물속이다. 물의 나라 백성들은 귀신도 불러내는 도사로 공인할 정도다. 핫바지 도사의 주문(呪文)은 '잡시배정'인데, 기회가 포착되면 얼음보다 차갑다. 오월의 신록도 눈송이로 만들어 버리는 신통력에 쯧쯧 도사도 놀라 혀를 몇 번 찬 적이 있다. 물의 나라에 일찍 터를 잡은 탓에 저울추의 조정을 마음먹은 대로 해 대는 굴림형이다.

마침내 주문으로 펼쳐지는 진검승부에 백성들은 밤송이를 넣은 듯 입을 다물지 못하고 전전긍긍 발바닥만 두들기고 있다.

"이 세상일 중에 사람 사이에서 일어나는 일처럼 까다로우면서도 부질없는 것은 없소이다. 하나, 질서를 바로잡기 위해서는 나의 도술이 어느 정도는 필요한 것 같소. 엉터리를 구렁이 담 넘어가듯 하는 짓은 물의 나라에서는 있을 수 없는 일이오."

'잡시배정'을 외우며 백성들 위에 굴림하는 핫바지 도사를 두고 쯧쯧 도사가 나타났다.

"나는 묻는다. '당신은 염치를 아는가. 인간의 특권은 도약이다'라는 말을 알고 있소이까. 염통에 털까지 났다는 말도 들리던데. 당신은 아주 훼방꾼이군. 의지를 갖고 제대로 구성된 지도부를 놀부 심술보다 더한 용어로 불을 질러 놓고 점잖은 체

트림을 하지 않는가 말이오."

건곤일척의 승부를 묵묵히 지켜보던 용문달양(龍門達陽) 수호신의 푸른 눈에 마침내 붉은 신호등이 켜졌다. 물의 나라에 전무후무한 사건이 벌어졌기 때문이다.

"신뢰를 보장하는 언어 사용을 하시오. 말을 해 놓고도 책임지지 않는 세상은 부끄러움, 수치심이 사라진 세상이오. 소아병적인 욕망을 재우고 시대 상황의 엄중함을 생각해 봐야지. 그러면 백성이 보일 것이고 어떤 방법이 옳고 그릇된 것인지 떠오르지 않겠소."

짝사랑

나는 바둑을 사랑한다. 짝사랑이다. 바둑을 둘 줄 모르는 사람이 드러내는 외로운 심사(心思)일지라도 기사들의 대국 모습을 나는 사랑한다. 그들의 진지한 모습에서 인간의 진솔함을 발견하기 때문이다.

신의 영역에서 주고받는 수담(手談)을 파고들어, 애호가들에게 전달해 주는 기보(棋譜) 해설가는, 바둑을 짝사랑하는 모든 이의 마음을 이어주는 중매쟁이다.

대국의 과정과 기사들의 대국 장면을 중매해 주는 기보 해설가의 필담(筆談)은 수담의 심오한 경지를 마음대로 넘나들며 해학과 스릴을 맛보게 해 준다.

흥분과 분노와 아쉬움의 노정을 여과 없이 드러내 보여준다. 냉혹한 승부의 세계에 진솔한 승복의 예(禮)

와 타협의 미덕 또한 배우게 한다. 그 심사를 이유로 지금껏 바둑을 품에 안고 산다.

같은 크기의 바둑돌인데도 조금 작아 보이는 흑돌은, 흑돌을 잡은 기사들의 심리적 안정을 고려하여 백돌보다 약간 크게 만들어져 있다. 이러한 흑과 백의 돌을 361로(路)의 바둑판 위에 교대로 번갈아 두며 즐기는 놀이의 감상을 좋아하게 된 것은, 신문 읽기를 즐겨했던 주인집 아저씨 덕분이다. 자취하던 고등학교 시절, 아저씨는 퇴근 후 집으로 올 때면 항상 한 뭉치의 신문을 가지고 왔었다.

자전거 뒤에 둥글게 말려진 채로 또 다른 독자를 찾아오던 반가운 선물 꾸러미. 그를 싣고 집에 도착하게 되면 아저씨는 항상 자전거에 달린 종소리를 울렸다. 그러면 아이들은 아버지를 마중하러 달려나갔다. 어느새 나도 아이들의 그런 모습에 동화되어 두근거리는 가슴으로 신문을 기다리곤 했었다.

저녁상을 물린 후에 신문을 펼쳐 들 때면 늘 옆에는 낡은 옥편과 돋보기안경이 같이 자리를 지키던 아저씨의 모습이 눈에 선하다. 혼자 신문 읽는 재미와 기쁨의 묘미를 옆에서 지켜보던 이도 덩달아 느낄 정도로 즐기던 모습을 잊을 수가 없다.

하루나 이틀 정도 지난 선물 꾸러미에는 조간과 석간이 함께 섞여 있었고, 가끔씩은 전혀 펼쳐보지 않은 당일 신문도 있었다. 그러나 내가 몰랐던 사실을 며칠 지나서 알았다고 한들, 새로운 소식이 어디 따로 있는 것인가?

이렇게 아저씨를 닮아가며 열심히 신문을 탐독해가던 눈길로, 신문 기사의 새로운 지평을 열어 주는 바둑판 그림이 눈에 띄었다. 신문 지면에 바둑판 그림이라 거들떠보지도 않을 것 같은 기묘한 불일치가 매일 기삿거리와 함께 실렸다. 누가 이 그림을 보고 바둑을 배운다는 말인가. 믿을 수도 없었고, 믿지 않고 싶었다. 그러고는 다시는 쳐다보지 않을 듯이 다음 장을 넘겨 버리곤 했다. 그런데 이러한 그림이 다른 신문에도 비슷한 모양을 하고서, 한결같이 하얀 쌀밥에 검은콩 섞은 듯이 선명하게 눈 앞에 펼쳐지는 것을 어쩌랴.

바둑판 옆에는 금방이라도 연꽃 향기가 어슴푸레한 달빛 속으로 스며들 것 같은 삽화가 곁들여져, 대국장의 모습을 우아하게 담아내고 있다.

> '백설이 난무한 틈을 타고서 검은 발자국을 내딛는 순간, 저 건너에는 하얀 버선을 신은 여인이 사뿐히 내려앉아 속삭이듯 남정네의 시린 옆구리를 넌지시 찔러본다.'

아! 피를 토하는 치열한 수의 전쟁에서 저토록 절제된 언어를 어찌 사랑하지 않을 수 있으리오.

이런 연유로 시작된 바둑 감상에 대한 나의 짝사랑이 파국을 맞을 뻔한 위기가 닥쳐온 것은 지난해 봄이었다. 인공지능 대 인간 두뇌의 대결이 엄청난 상금과 함께 성사되었다는 소식을 접했을 때이다. 기계와 사람의 대결에서도 인본주의 휴머니즘이 해설가의 필담으로 살아나올 수 있을까? 지구상의 바둑 마니아를 열광의 도가니로 몰고 간 신춘의 설렘은 그렇게 궁금증과 함께 다가왔다. 연일 세계인의 이목을 집중시키며, 대한민국의 수도 서울 한복판에서 펼쳐지는 대결에 모두 자신의 일인 양 들떠, 내가 이길 꿈에 한껏 부풀어 있었다.

무한에 가까운 경우의 수를 가진 바둑에서, 기계가 인간을 능가하는 일은 없을 것이라는 오랜 믿음은 그래서 단연코 돋보일 수밖에 없었다. 더군다나 인류를 대표하는 바둑기사 이세돌에게, 허무하게 무너질 것이라는 지배적인 예상을 추호도 의심하거나 반대하는 사람은 없었다. 그리하여 대한의 두뇌를 세계에 확실히 증명해 보이는, 절호의 기회로 삼는 계기가 되기를 은근히 우쭐거리며 바랐다. 이세돌 기사, 그의 불같은 의지는 한국인의 자긍심을 심어주기 충분하겠기에 말이다.

일찍이 기재에 능하지는 못하나 기보 해설에 일희일비하던, 한때의 추억을 되살리며 인간과 컴퓨터의 바둑 대결을 숨죽이며 지켰다. 그리고 제1국(局)의 승리와 해설가의 멋들어진 평론이 강호(江湖)의 지면을 장식하기를 기다렸다.

드디어 제1국 · 2국 · 3국. 그토록 나의 마음을 사로잡았던 해설가의 멋진 평론은 어디로 자취를 감추어 버렸단 말인가.

현해탄을 건너 척박한 땅에서도 투혼을 불사르며, 일본 바둑을 평정해 가던 조치훈 기사의 낭보가 한창이던 시절, 강호의 지면을 수놓던 해설가들의 현란한 필담들이 주마등처럼 스쳐갔다. 괴물을 물리친 대한의 천재기사에 쏟아지던 아낌없는 찬사에 모든 것을 다 정복한 듯, 가슴 뭉클거리는 감동. 막연한 자부심과 애국심이 뒤섞여 불타오르던 지독한 짝사랑. 일본 바둑을 이기면 세계를 정복한 거나 다름없었던 그때, 목숨을 걸고 두면서도 '그래봤자 바둑, 그래도 바둑.'이라고 바둑 인생을 찬미하며 대미를 장식하던 그의 거침없는 기개가 붉은 해처럼 떠올랐다.

제4국, 강철보다 더 단단하던 나의 믿음이 허무하게 하나, 둘씩 무너져 가던 순간 마침내 '신의 한 수'가 번개를 쳤다. 승부를 결정짓는 한 수였다. 학수고대하던 이세돌의 첫 승리이자 알파고를 이긴 인류 최초의 불계승이었다.

> '아름다움이라는 것은 변하기 마련이고 정해져 있는 것이 아니다. 알파고의 수는 보기엔 아름답지 않지만, 힘이 느껴진다. 이것 자체가 새로운 아름다움이다. 이세돌이 모자 없이도 토끼를 꺼내 보이는 마술을 보여줬다.'

순간 먹먹하던 가슴에 안도의 한숨이 길게 고였다. 기계와 사람의 대결에서도 보이지 않는 실체에 생명력을 불어넣어 휴머니즘으로 되살려내는 해설가의 우아한 필담이여! 앞으로도 계속될 이유 있는 나의 짝사랑이여!

나비의 꿈

지난여름 능금이 빨갛게 익어갈 때 나의 꿈도 익어갔네. 선망(羨望)도 수유(須臾)던가. 타인의 사진첩에 부러움만 묻어 두고, 언젠가는 '유럽 발견을'이라고 되뇌이며 애써 자위하던 이국땅 여행의 꿈이 마침내 실행되던 날. 초원의 나라 덴마크는 소원성취의 대상으로 다가왔다.

십 년 지기 편의점의 새벽 근무 교대를 마치고 나면, 깨알 같은 일정의 달력을 살피는 일은 나의 오래된 일상이다. 몇몇 단체의 임무를 맡고 있다 보니 자칫 시간을 놓치거나, 일정이 중복되어 일이 그르치게 되는 것을 방지하기 위해서이다.

그런데 오늘은 예정에도 없었고 계획되지도 않은 덴

마크행 여행이 실행된 기막힌 사연이 있어 구름 위를 걷는 듯이 글로 옮겨보고자 한다.

영상에서만 접해 보았던, 널따란 초원 위에 거대한 인공 바람개비 풍차가 한가로이 허공을 손짓하는 나라, 덴마크에서 눈을 떴다.

이국의 냄새가 코를 간지럽힌다. 이제 막 걸음마를 시작한 어린아이처럼 서툰 발걸음이 냄새의 진원지를 따라 정처가 없다. 황홀은 이를 두고 생겨난 말이던가. 눈 앞에 펼쳐지는 이 거대하고 낯설은 풍경에 짐짓 익숙함을 가장해서 나는 묻는다. 그러나 대답 대신 D는 덴마크의 푸른 언덕과 초대받은 집의 내력을 설명하기 시작한다. 얼마 동안 그의 이야기를 유쾌하고도 진지하게 듣고 있던 중에 어찌 된 일인가? 또 다른 일행으로부터 덴마크에 도착했다는 전화를 받게 되었다. 이상한 예감과 동시에 자초지종을 캐물을 순간, D는 또렷하게 이번 일의 진행 과정을 설명해 나가기 시작했다.

분명 가지 않을 것이라 단정하고서, 나의 납치를 결정했다는 것이다. 그리하여 수면제를 탄 달콤한 드링크 한 잔이 건네졌고, 잠이 든 틈에 덴마크행 비행기에다 옮겨 실어 나르는 기막히고 아슬한 사연을 털어놓았다. 어이없고도 화창한 여름날의 기분이여! 겨우내 땅속에서 움을 틔워 대지를 뚫고, 마중 나온 귀여운 초록 잎사귀여! 바라보는 자 놀라지 않을 수 있겠는가.

이 기발한 '콜럼버스의 달걀'을.

"너는 그 일이 그렇게 하고 싶은가. 그렇다면 그렇게 하라."는 성인의 칭찬 섞인 나무람이 봄비처럼, 가슴을 두드리며 다가오는 현실 앞에 D의 모사(謀事)는 경이로움 자체였다. 존경을 표할 수밖에.

저토록 적확(的確)하게 남의 의중을 꿰뚫어 실행에 옮겨버린 과감한 결단이여! 이렇게 이야기 속으로 빨려 들어가 넋을 잃고 감탄하는 잠시, 익숙한 손님 일행이 거울 속에서 빠져나와 손에 잡힐 듯이 농염한 자태로 스쳐 지나간다.

어, 어~. 아니 저 사람들은 하고 무겁게 소리를 지르는 순간. 납치당해 오기만을 기다리고 있었던 일행이라며, 초등학생이 되어 히죽거리면서 나의 불시착을 즐기는 모습이다. 내가 그들 무리 속에 섞여서 같이 천진난만해 하는 모습이 보이는 듯하다가, 그들 모두의 모의에 정신과 육체를 송두리째 빼앗긴 채로 이국땅으로 오게 된 모습 또한 보인다.

나전(螺鈿)으로 그려지던 아리따운 추억이여. 탄지경(彈指頃)의 안타까움이여!

눈을 떴을 때는 이미 2통의 전화 발신 표시가 되어 있었고, 회의 시작 10분 전이라는 다급한 행정계장의 목소리가 세 번째로 들려오고 있었다. 잠시 잠깐 잠든 사이. 아, 애석한 호접몽(蝴蝶夢)이여!

빈틈없이 복잡하고 삭막한 세사(世事)를 벗어나 인연과 함께 자연을 만나 보려는 욕구가 솟구칠 때, 물아일체(物我一體)의 허허로움을 얻고 싶은 그리움이 싹트는 줄을 조금은 알겠도다!

깨져버린 꿈

꿈이 꿈을 깨운 것인가, 꿈이 잠을 깨운 것인가. 깨어난 꿈은 덧없다.

새벽 기침(起寢)의 알람이 되어 나타난, 삼십 대 중반 거대 비만의 사내. 남조선 편의점의 맥주를 마시고 싶다며, 나의 꼭두새벽을 혼돈에 빠뜨리며 신호를 보내온다.

거미줄같이 설킨 철조망 저편, 하얀 인민복으로 의자에 앉아 눈짓으로 이야기를 주고받는 듯하다가 부지불식간에 편의점 마트로 돌진해 온다. 그러나 그를 막을 수도 붙잡을 수도 없다. 잡히지도 않는다. 돌을 던져도 구천 허공이다. 험상궂고 앳된 얼굴은 상당한 값을 매겨도 고개를 끄덕일 만해서, 졸지에 사고를 당할 것만 같아 망연하다.

몸놀림은 둔탁하나 거칠면서 재빠르다. 손에 들린 것은 캔맥주 두 덩어리와 생수 두 덩어리. 천둥벌거숭이 몸으로 지닐 수 있는 최대의 양이다. '두꺼비 날파리 훔치듯' 순식간에 결정지어진 상황이 매우 만족스러운 듯. 하지만 심상찮은 고요가 얼굴에 퍼져 있다.

측근의 도움도 뿌리치고 특유의 표정과 상기된 얼굴이 가쁜 숨을 몰아쉬며 선창가로 다가온다. 가파른 계단식 선창을 내려서자마자 생수 두 덩어리는 물속으로 집어 던지고 캔맥주를 품에 안은 채로 인당수에 몸 던지듯 뛰어든다.

속전속결 뒤 전쟁터의 평온은 찾아오고, 다시 새하얀 인민복을 입은 사내, 탁자에 앉아 맥주를 마신다.

"내 반드시 통일해서 흔해 빠진 남조선 맥주를 실컷 마시고 싶다."고 고개를 좌우로 저으며, 그간 품어 왔던 속내를 트림하듯 토해 놓는다. 하늘을 가르며 지상으로 내려오는 별똥별의 모습이 인민복에 비친다.

"앙살 꽃게는 살짝만 건드려도 두 다리를 벌떡 치켜든다 해서 '벌떡 게'라 이르는데, 남조선 사람들은 왜 나를 괴롭히는가 말이다." 흘려 떠보는 우스갯소리로 가장해서 연신 고개를 저으며 정치 10단들의 눈치를 살핀다. 순간 낯익은 군상 몇몇이 스치며 사라져 간다.

난생처음 요상하고 신비스런 맥주 맛에 잠시 정신을 잃은 사이, 경동레저 이름표를 단 바닷가 주민이 달려온다. 같이 건네 마시며 무엇인가 주고받은 끝에 인민복의 사내와 포즈를 취한다.

흔해 빠진 남조선 맥주를 우리 공화국에서는 마실 수가 없다고 같은 또래의 여성이 말을 건넨다. 그 미모의 여성이 갑자기 내 나이를 물어본다. 마주 앉은 사람에게 누가 많아 보이는가? 묻는다. 사진 찍기 준비하듯 얼굴을 나란히 맞추어본다. 자연스레 볼 맞춤이 된다. 적어도 둘만 통하는 남북통일이 이루어지는 셈이다. 눈을 뜨고 옆으로 몸을 돌린다. 잠시 잠깐 등장했던 수많은 사람들은 모두 어디로 갔는가?

깨어진 꿈은 허무하다.

3

웁쌀의 추억

아버지의 성(城)

대한(大寒)의 바다. 북서풍을 타고 허연 빨판을 드러내며 파도의 춤은 거침이 없다. 통구선(統龜船) 갑판 위로 덮쳐 올라 검푸른 창을 들고 달려든다. 눈과 입, 콧속을 찔러대는 물보라의 창날. 무방비로 노출된 손가락 발가락은 감각이 사라진 지 오래다. 통나무가 된 듯하다.

뱃전을 넘나드는 파도와의 싸움이 일상이던 내 유년의 겨울 바다. 지금도 사무치게 잊지 못하는 어린 초상의 한 조각이다. 폭탄처럼 쏟아져 들어오는 저 험상궂은 파도를 견뎌내던 아련한 기억의 편린들….

바다에서 돌아오면 다시는 아버지를 따라서 배를 타지 않을 것이라고, 수없이 주먹을 쥐곤 했었다. 그러나 나의 다짐은 새벽잠을 깨우는 서릿발 같은 당신의 목소리에 번번이 무산되었고, 또다시 착한 선원이 되어 어장에 나가는 일상이 되풀이되곤 했다.

어린 시절 바다에 대한 추억은 그리움의 대상으로 잘게 썰어진 채, 쉽게 꺼내 쓸 수 있게끔 포장이 되어 있어야 아름다우리라. 그러나 섬 아이들의 바다는 생존 경쟁의 현장이자 달아나고픈 서러운 고향 풍경에 지나지 않는다. 낭만은 스쳐 지나가는 나그네의 감상일 뿐, 철저하게 섬 머슴아가 되어 저 바다를 이겨내야 하는 극복의 대상이었다.

아버지의 어린 시절은 더욱 거칠었으리라. 파도에 자갈 구르는 소리만 듣고도 바람의 종류까지 알아내는 당신의 감각은 본능에 가까웠다. 방 안에서도 다가올 새벽바람이 어떻게 변할지 알아내고 어장을 나가야 할지를 판단해낸다. 동네 사람들도 내일 어장을 나가려면 바람 사정이 어떨지 아버지의 본능을 귀동냥하러 오곤 했었다. 작은 배일수록 날씨는 그만큼 긴요했다.

어느 해 늦가을 저녁. 마을을 집어삼킬 듯 강풍이 휘몰아치던 날, 마을 앞바다에 매어 두었던 배가 떠내려가는 일이 생겼다. 전 재산이나 다름없는 배를 붙잡기 위해 마을 형뻘 되는 사람이 바다로 뛰어들었다.

바람을 타고 날렵한 물새의 모습이 되어 파도 속으로 사라지는 형의 모습은 믿음직스러웠다. 반드시 배를 붙잡을 수 있으리라고 동네 사람들은 믿었다. 모두의 희망이었기 때문에 더욱 더 그러했다. 파도의 높이도 그 형의 수영 실력 앞에서는 고개를 숙이는 듯했다.

그런데 형의 모습이 보이지 않는 것이었다. 마을 사람들의 시선은 일제히 형의 머리가 떠오르던 지점을 향했다. 어찌 된 일인가. 가슴을 태우던 간절한 시간은 결국 우리 편이 되어 주지를 않았다. 속절없이 강풍이 잠들기만을 기다리며 사람들은 횃불을 밝혀야 했다.

이튿날 첫 닭이 채 울기도 전에 아버지의 부스럭거리는 소리를 들었다. 본능이 작동하는 순간이었다. 마대 자루와 커다란 나무 상자를 준비해서 어둠이 걷히지 않은 새벽 밤바다 위로 아버지는 배와 함께 사라졌다.

아들을 잃은 동네 어머니의 통곡 소리로 마을은 숙연했고, 사람들은 모두 잠수부가 되었다. 한나절을 자맥질로 불섬 앞바다를 샅샅이 뒤집으며, 그 형의 이름을 불렀지만 불길한 예감만이 수평선을 넘어 희망을 빼앗아 가고 있었다.

"이리 동네가 시끄럽는데, 박 영감은 어데 갔는지 통 안 뵈네!"

제일 연장자 되는 어르신이 말문을 열었다. 아버지의 행방을 아느냐고 묻듯 시선이 나에게로 쏠렸다. 순간 죄인인 듯 지목이 되어 먼바다 쪽으로 고개를 돌렸다. 날으는 갈매기와 까만점 하나. 얼마나 흘렀을까. 시간은 확대경이 되어 기적처럼 선명하게 아버지 배임을 확인시켜주고 있었다. 강풍에 휩쓸려 떠내려갔던 형의 배를 달고 포구로 까만점이 들어왔다.

사람들은 아버지의 능력에 잠시 환호했고 차갑게 식어서 돌아온 동네 형의 모습에 다시 좌절했다. 돌덩어리보다 더 단단하게 뭉쳐서 굳어 있던 형의 종아리를 당신은 말없이 쓰다듬고 있었다.

그러한 당신과 나는 서로 다른 방식으로 소통했었다. 어장 작업을 끝내고 돌아오던 뱃길 위에서 기계가 고장이 난 적이 있었다. 정상적으로 배를 몰아도 족히 두 시간은 걸려야 집으로 돌아갈 수 있는 거리였다. 도리 없이 표류선이 되어 버렸다.

당장은 노(櫓)라도 저어야 할 상황인데, 물을 부어 기계 식히는 일에만 열중했다. 들판 한가로이 되새김질로 잠을 청하는 어미 소와 다름없는 저, 바보 같은 여유로움.

참을성 없는 어린 마음은 주변의 가까운 섬으로라도 들어가야 한다는 조바심에 노를 저어대기 시작했다. 사정없이 돌멩이를 집어 던지고 싶었던 어린 날의 불꽃이여!

젓고 있던 노를 팽개쳐 버리고 싶은 생각이 이처럼 간절한 적이 있었던가. 그러나 아버지는 그 간절한 생각을 껌뻑이는 눈짓으로만 대신하고 있었다.

저렇게 바보같이 굼뜬 느림보의 철학은 어디서 얻어 온 것인

가. 모진 고통과 경험을 통해서만 얻어지는 달관의 세계인가? 자식에게 내보일 수 없는 당신만이 흘려야 하는 눈물인가?

이윽고 아버지가 노를 넘겨받았다. 망망한 바다. 뱃사공의 노랫가락을 보태는 미련스런 태연함을 싣고 배는 집을 향해 천천히 내일까지 가고 있었다.

철부지 시절을 채색해 주었던 아버지의 모습은 가슴속 깊디깊은 곳에 견고한 성채(城砦)로 자리하고 있어서 이제는 허물 수도 없다.

엄마 김업아

나에게는 아들의 이름을 모르는 엄마가 계신다. 이름을 잊어버리신 것이다. 아니 기억 속에서 사라지신 것이다. 이따금씩 나는 참애고, 오빠 이름은 요업이고, 동숭 이름은 용돌이라고, 94년째 세상을 살고 계시면서, 최근에 들어 외가 쪽으로만 또렷하게 이름을 기억하고 부르는 것이 아무래도 좀 이상하다.

세월에 무게가 있다면 사람에게 적용되는 세월의 무게는 얼마나 될까. 굳이 방법을 고안해서 재어 본다면, 일 년에 1킬로그램씩 줄어드는 것으로 계산을 해 보고 싶다.

그렇다면 엄마에게 해당되는 세월의 무게는 (-)94킬

로그램이다. 몸에서 만져지는 살이라고는 거의 다 빠져나갔다. 새털보다 가볍다.

일전에 누이께서 아파트로 죽과 두유 박스를 들고서 엄마를 문안 온 적이 있었다. 그동안 형님 집에 줄곧 계시다가 형님네 사정으로 누이가 얼마 동안 모셨었다. 누이의 모든 면으로 본다면, 우리 가족 중에 엄마를 가장 잘 모시고도 남을 법한데, 상황은 정반대였다. 엄마랑은 마음이 통하지 않아 서로에게 오고 갔던 스트레스는 이루 말로 다 할 수 없었다. 띠가 안 맞아서 그렇다, 합이 안 맞아서 그렇다, 하는 말까지 나올 정도였다.

그럴 때마다 내게 전화를 해 와 요양원으로 모시자는 말을 꺼내곤 했다. 자식들이 온전히 잘살고 있는데 왜, 거기로 보내야 하느냐며 "남부끄럽다. 아직 치매도 안 걸리고 정신도 온전한데."라며 반대를 했다. 부쩍 요양원으로 모시자는 이야기가 자주 나오자 특단의 대책이 필요했다.

얼마 남지 않은 여생을 요양원에서 보내게 할 수는 없었다. 그래도 더 좋은 곳이 있지 않을까? 수소문도 해 보았지만, 혼란스러웠다. 평생을 밭농사에 호미로만 살아오신 김업아. 일찌감치 아파트는 감옥 같다면서 거기에서는 안 살 거라고 포고를 해 놓은 터였지만 어쩌랴. 같이 있는 시간을 늘릴 수밖에 없었다. 도로 형님네로 가시겠다는 엄마와의 아파트 생활은 그렇게 느지막이 시작되었다. 전화번호 외우기, 하루 한 바닥씩 숫자

쓰기, 김업아 이름 써 보기, 증손주 이름 외우기….

"어무이, 내가 어무이 아들이 맞나?"라고 큰 소리로 물으면 "아들은 맞는데 이름은 모리겄다."라고 더듬거리면서 미안한 얼굴로 나를 빤히 쳐다본다. 엄마에게는 그냥 아범이 내 이름이다. "아범아!"

당길수록 늘어나기만 하는
사랑의 길이로, 내 몸속에 녹아
서른 살 손녀에게 사탕이 되어준 어머니

속살 베어내던 손가락 마디마디
굽이진 세월, 산맥으로 솟아올라
모진 바람 막아서서 꿈을 키워주시던
그 흔적 선명히도 오뉴월 산들바람이 된 어머니

구순(九旬)의 저문 오후가 잠들어 있는 시간
약이 된 세월이 따스한 햇살로 흐르고
주름진 골짜기에 뿌리내린 검버섯 하나
다가오는 새날의 해처럼 붉게 떠오른다.

화도 고향 집을 지키며 홀로 농사일에 열중했던 10년 전만 해도 치매라는 말은 생각지도, 받아들이고도 싶지 않았던 단어였는데. 요즈음 들어서 부쩍 엄마에게 자주 오르내리는 단어가 되었다. 아니, 스스로가 치매로 단정을 하고 엄마를 대하는 것이 아닌가 하는 생각에 자꾸 뒤돌아보게 된다.

달포 전에 갑작스레 머리를 자르고 싶다고 졸라서 미용실엘 갔었다. 이참에 잘 되었다 싶어, 감기 싫어하는 머리를 이발기로 시원하게 밀어드렸다. 엄마의 세 살 적 모습이 나타났다.

조금 전까지 놓여 있던 파마 머리, 94세 김업아는 어데 가고 동글동글 움푹 패인 눈매, 젊은 시절 내가 꼬셔보고 싶었을 참 예쁜 얼굴이 사진이 되어 의자에 앉아 있다.

사탕을 입에 넣어드렸다. 좀 더 놀다가 가잔다. 엄마의 너스레도 구수하게 녹아드는 시골 미용실, 동네 엄마들의 사랑방이다. 94년 세월의 넉넉했던 인심과 눈물의 한나절 그리고 이별가.

봄날이다. 따스한 자연의 입김이 피어올라 가슴으로 전해져오는 봄. 94세 김업아의 봄도 저만큼에서 화사한 옷차림으로 다가온다. 자식들 고생 안 시키고 건강만 남아 있는 김업아의 봄….

웁쌀의 추억

보릿고개를 넘기며 자라온 세대들은 누구에게나 유년 시절의 이야깃거리, 한 움큼씩은 가지고 있을 것이다. 항상 그리워해도 모자라는 어머니의 정. 그보다도 더 애련하게 떠올라 추억으로 이야기할 수 있는 애틋함이 또 있을까마는, 아직도 어린 시절을 사로잡아버리는, 꽁보리로 밥을 지을 때 위에 조금 얹어 안치는 웁쌀의 추억은 각별하다.

수업을 마치면 곧장 외갓집으로 쌀을 가지러 가야 하는 심부름이 있다는 것을 까마득히 잊어버린 채, 잘 만들어진 팽이를 들고서 우쭐거리며 집으로 들어서는 순간, 느닷없이 몽둥이가 어머니의 손에서 춤을 추며 나를 쫓아오는 거였다. 반사적으로 몸을 돌려 숨이 넘어갈 듯이 달리기 시작했다. 경험상 어머니에게 잡히지는 않겠지만 그래도 최선을 다해서 뛰어야 했다. 달리기만큼은 어머니가 나를 이기지 못한다는 사실을 확실히 보여주기 위해서라도….

그렇게 한참을 도망하여 거리를 넓혀 가면서도 왜? 내가 몽둥이에 쫓겨야 하는지를 알아차리지 못하다가, 허리춤에 달라붙어 덜렁거리는 책 보따리를 보는 순간, 아침에 어머니께서 챙겨준 하얀 쌀자루가 떠올랐다. 내일 아침 동생 생일에 쓰여질 흡쌀을 좀 얻어오라는 거였는데, 그만 팽이 만들기에 시간을 다 보내버린 것이다.

쫓겨날 위기를 모면하기 위해서는 쌀을 가지고 들어가야 했다. 뉘엿이 넘어가는 짧은 저녁 해를 바라보며 외갓집까지의 거리를 계산해 보았다. 두 시간은 잡아야 갔다 올 수 있는 거리다. 도깨비가 나타난다는 숲속의 오솔길을 통과하는 구간이 문제였다. 깜깜한 밤, 호젓한 길을 혼자서 돌아올 것을 생각하니 무서워서 자신이 생겨나지 않았다. 낮 시간 내내 팽이 만들기에 몰두했던 친구를 불러내서 같이 갈까도 생각했지만 동행해줄 것 같지는 않았다.

얼마를 걸었을까? 조금의 바스락거림에도 머리끝이 곤두서는 어둠이 깔린 숲속에서 정말로 무언가 기척이 느껴졌다. 헉! 비명이 절로 나왔다. 이미 열 살 나이로는 감당해 낼 수 없는 공포가 주위를 겹겹이 둘러싸고 있는 데다가, 멀지 않은 거리에서 인기척까지 들려오고 있으니, 어른인들 피할 방법이 있을까. 죽은 채 숨어서 상황이 끝나기를 기다리는 것 말고는 달리 무슨 뾰족한 수가 없었다.

공포의 시간이 온몸을 휘감았다가 스르르 풀려났을 즈음 정신을 차렸다. 흰 포대를 지게에 짊어지고 저만치 어른이 가고 있었다. 흐릿했지만 분명코 아버지 걸음걸이였다.

"아부지이."

"으, 흐흠."

으슥한 밤길을 나선 말썽꾼이 그래도 기특했던지 모든 걸 용서하는 분위기가 따스하게 느껴졌다. 한순간에 일거양득(一擧兩得)을 보게 된 새하얀 기쁨이 안도의 한숨과 함께 식은땀으로 흘러내리고 있었다.

애벌로 삶아 하룻밤을 잠재운 꽁보리. 그 위로 위용을 자랑하며 새하얀 모습으로 자신을 드러내던 쉽쌀. 아버지 밥과 동생 생일 밥을 푸고도 그날은, 흰 쌀이 섞인 보리밥을 얻어먹을 수 있게 해 주었던 무쇠솥 속의 새색시. 대바구니 속 삼베 덮개를 걷어내면 어쩌다가 옥수수 술빵이나 보리개떡이 함께 들어 있던 횡재보다는 덜했지만, 쉽쌀의 위력은 식구들 앞에 내보이기 부끄러운 어머니의 기분 좋은 피난처 역할도 해 주었을 것이다.

그러나 유년 시절을 주눅 들게 했던 주범이 또 다른 소원 성취의 희생으로 바쳐지는 지금은 풍성함을 고민해야 하는 애물로 위상이 전도(顚倒)되어 버린 느낌이다.

절치부심(切齒腐心), 보리의 반란인가(?) 웁쌀의 막강한 위용을 잠재우고 건강 곡류로 각광을 받으며 '오색 컬러'로 무장하여 다시 태어나고 있는 요즈음이다.

처마 밑 시렁에 매달려 아침·저녁 식구들을 기다리던 꽁보리가 보리쌀로 위상이 높아지도록 하얗게 자리를 놓아주던 웁쌀.

그 이름도 이제 세월의 흔적으로만 기억될 것인가. 보리밭 축제길 사이를 수놓은 각양각색의 사람들, 웁쌀의 애환을 알 듯 모를 듯 꽹과리 소리만 요란하다.

지신밟기

"구월귀일에 드는 액은 시월 모날에 막고, 시월 모날에 드는 액은 동지섣달에 다 막아낸다. 어루 액이야~ 어루 액이야~ 어기영차 액이로구나~."

얼마 만에 들어보는 지난 일을 돌이키는 소리인가. 기나긴 기억의 터널을 지나 가슴속을 뚫고 생생히도 울려 나오는 저 한(恨)의 소리를. 환청과도 같이 들려오는 풍물악(風物樂)의 소리가 저렇게 구성지다니. 혹시 잘못 들은 것은 아닐까? 다시금 귀를 후비고 소리가 울려 나오는 곳으로 고개를 곧추세웠다. 사그라질 듯 되살아 나와 귓전을 울리는 저토록 명징한 타악기의 울음소리.

기원과 신명이 함께 묻어나오면서 저절로 어깨춤을 들썩이며 근원을 찾게 만들었던, 저 소리와 함께 뒹군지도 어느덧 삼 년여가 되어 간다.

한 해의 농사가 잘되어 보릿고개 없이, 새해를 맞이할 수 있도록 천지신명께 소원을 비는 마을의 축제. 지신(地神) 밟기 행사는 유년 시절의 농어촌 풍경을 그대로 떠올려내기에 충분했다.

농사를 근본으로 삼고 살아가던 우리 민족의 그리움으로부터 시작된 풍물놀이는 예부터 마을의 안녕과 협동심 그리고 한 해의 풍년을 바라는 기원제(祈願祭)였다. 북 · 장구 · 징 · 꽹과리 네 개의 악기만 사용하는 사물놀이와는 달리 풍물놀이는 소고와 태평소가 더해져 더욱 구성지다. 지신밟기는 바로 이 풍물놀이패에 의해 펼쳐지는 원화소복(遠禍召福)의 행사이다. 지금은 웬만한 읍면동 행정 단위의 주민자치센터에는 풍물 수강반이 개설되어 있어 이 강좌 수강생들이 마을을 대표하는 풍물패의 공식 단원으로 등록되는 것이 대부분이다.

그러나 본래의 조직 목적과는 달리 이름도 생소한 자생 단체에서 급조된 풍물패들이 우후죽순처럼 생겨나 지신밟기 행세를 하고 다니는 것을 요즈음 자주 목격한다. 마을을 대표하는 풍물패가 있음에도 이렇게 은밀히 행해지는 것은 왜일까. 달라져 버린 세태를 목격하면서, 문득 순수함을 잃어버리지는 않을까

하는 생각이 기(杞)나라 사람의 걱정처럼 떨쳐버릴 수가 없다.

한 해를 시작하는 지신밟기 행사는 대부분 정월 대보름을 하루 이틀 앞두고 대표 풍물패가 출정식의 날짜를 미리 알리면서 시작된다. 이렇게 출정식을 치르고 나면 이날부터 사흘간의 강행군이 시작된다. 수산 양식업이 발달한 지역에서는 용왕제 의식에 더하여 액막이굿까지 곁들여지기 때문에 상쇠의 역할은 대단히 중요하다. 정성이 들어가야 하기 때문이다.

이렇게 사흘간의 뿌듯한 강행군을 마치고 나면 소원 성취를 빌며 개인치성(致誠)으로 내놓은 제물(祭物)들이 수북이 쌓인다.

생굴 따위의 살아있는 치성물은 독거노인이나 복지회관 등지로 바로 보내지고, 나머지 제물들은 단원들이 조금씩 나눠 갖는다.

그렇게 제물을 분리해서 정리를 하던 중에 엄청난 멥쌀의 무게가 아득히 잊고 지낸 세월에 격세지감으로 다가올 줄이야!

마을 곳곳을 돌며 조금씩 모여진 쌀이 춘궁기를 비웃기라도 하듯이, 넘쳐나는 곳간의 여유 속에 소원 성취의 희생으로 바쳐지는 모습에서, 유년의 쌀에 대한 선명한 추억이 어머니의 뒷모습처럼 아련하다.

아버지의 바다

나의 사춘기는 돛대 끝에 매달린 반항이었다. 귀청을 때리며 피어오르는 보릿대의 불티 소리였다. 기세등등하게 솟구쳐 오르다 일순간 사라져가는 여름날의 황홀한 모깃불이었다가, 전장 터의 창날같이 가슴을 찔러오던 날카로운 겨울 파도였다.

"박사 중에서 문학박사라는 것도 있는갑데. 내 아는 친구 사촌 동숭이 서울에서 문학박사 해 가지고 유명하다고 하데. 지난 적에 술 한 잔 함시로 자랑을 많이 해 샀던데…."

유언(遺言)과도 같이 불쑥 귀엣말로 전해주시던, 이해 못 할 말씀들이 귓전에서 맴돌다 사라져 갈 때, 당신의 나이가 되어버린 어린 마음은 이제 서야 철이 조금씩 들어간다.

어렴풋하게라도 당신을 떠올리게 하던 것이면 모두 다 멀리하고 싶었던 기억 속에 당신의 바다는 크기만 했다. 정리되지 않은 채 저장되어 있는 유년의 바다는 여전히 그대로인데, 왜 나는 저 바다를 나의 것으로 만들지 못하고 있을까. 당신이 그토록 사랑했던 바다. 그 속에 살고 있을 물고기의 종류조차 훤히 들여다보시던 당신의 생명. 자맥질해 들어가서는 몇 날이라도 살아서 물고기처럼 헤엄쳐 다니실 것 같은 위대한 능력의 소유자.

당신이 그리다 만 미완의 그림은 바다였던가? 바닷속의 별이었던가? 별을 달고 다니는 물고기였던가? 애당초 당신과 닮은 직업을 멀리하고 싶었다면, 보다 높은 이상으로 실현된 생존방식을 당신 앞에 드러내 보여야 했으나 여물지 못한 위선만 가득하다.

섬에서 태어난 아이들은 본능에 충실하다. 후천적 경험이나 교육에 익숙하지도 않다. 어느 순간 터득을 한다. 초등학교 입학 무렵이면 이미 노 젓는 선수가 되어 있다. 소위 고기잡이 뱃놈이 돼 버리는 것이다. 어른들을 따라 선원으로 나서는 횟수가 많으면 많을수록 될성부른 나무의 빛깔 고운 떡잎으로 일찍 자라나는 것이다.

내 사춘기의 불꽃이 그러했다. 반항기에 접어든 청소년기를 숙명의 대결 장소로 바다를 택할 수밖에 없도록 아버지는 탁월한 길라잡이가 되셨다. 집요하게 바다와의 대화를 시도하게끔 했다. 험난한 세상을 살아가는 데 보탬이 되도록 바다를 넓게 보고 깨우치라 했다.

그러나 어린 마음에 자라날 것은 없었다. 바닷속을 멋대로 헤엄쳐 다니다 그물에 걸려 물관에 갇혀 있는 선어들의 파닥거림과도 같이, 불쑥불쑥 솟구쳐 오르는 답답함은 벽을 부수고 싶은 반항심으로 커갔다.

바뀌지 않는 상황에 이미 기능화된 일상이 기다리고 있었고, 당신의 유전자에 알맞게 내 삶을 건설해 내는 법을 전략적으로 터득해야 했다.

치밀한 계산으로 잘 짜여진 아버지의 계획표는 방학이 되면, 아예 배 위에서 밤을 지새우며 밤하늘 별자리 보는 방법으로 실행되었다. 그 빈도가 높을수록 씨알 굵은 선어들의 몸부림이 자주 등장하였으며, 새벽 어판장 중매인들의 경매 호가 소리도 드높아 갔다.

어쩌면 죽을 때까지 안고 가야 할 내 몸속 애정 어린 바람 소리들. 일찌감치 불야성을 경험한 탓에 친숙하다 못해, 훈훈함마저 느껴지는 것은 이때의 단련된 고질병 덕분으로 여겨진다.

사선을 그리며 밤하늘을 가로지르는 별똥별의 낙하지점을 따라가다 끝내 시야에서 사라져 버렸어도, 한 개쯤은 더 내려와서 내게로 꼭 올 것이라고 믿는 것도, 당신의 계획표에 들어가 있었다면 나는 아직 그 계획표대로 실천에 옮겨내지 못하고 있다.

필터 없는 담배가 다 태워지고도, 입술로 옮겨져 폐 속에서 차오를 때까지 미련을 자랑하시던 당신의 한평생. 그 바다는 여전히 깊이를 알 수가 없다.

검은 고양이

네오야! 너의 주검(尸)을 불러본다. 그렇다고 다시 살아나 내 곁에서 재롱을 피우고 숨 쉬어줄 네가 아니다. 하지만 나는 너의 이름을 간절하도록 또 부를 수밖에 없다.

가을조차 고개를 숙이고 무더위가 기승을 부리던 그해. 매일을 사냥종이 되어 나를 찾던 반가움은 어디에 다 두고, 괴이한 울음소리로 사람을 경계하며 피해 다니던, 이해 못 할 모습의 너를 껴안고, 병원으로 달려가던 내내 나는 네 주인을 떠올렸다. 다행히도 고양이 감기라는 진단을 받고서야 목이 잠겨버린 이유에 안도의 한숨을 쉬었다. 신령이 도왔을까. 돌아오는 길에 다정스레 너를 안고 찍은 사진 속의 네 주인이 얼굴을 내밀고 나를 쳐다보는 것만 같다. 네 주인이라면 어찌했을까.

그러나 네오야, 너를 물려받아 네 주인처럼 정성으로 보살피고 애중(愛重)하던 마음은 절반에도 미치지 못하였으나, 오늘 떠나보내는 나의 마음은 이르는 곳마다 흔하디흔한 그런 고양이가 아니었음을 이제사 알 것 같다.

한낱 미물, 검정색 짐승으로만 보아온 너의 울음소리조차 예사롭지 않았던 것을 지금 슬퍼한들, 사무치는 그리움에 견줄 수 있으리오. 강산이 한 번 변하는 세월 동안 동고동락했던 주인을 잊지 못해 기다리던 애절한 심정을 내 어찌 알았으리오. 검정색 미물로만 단죄했던 못된 심사에 차라리 벌이라도 내린다면 달게 받고 싶다.

네오야, 너를 물려받아 같이 일구어 왔던 사모의 정이 사람보다 깊을 수가 있더냐.

오며가며 말 못하는 정을 자수판에 수를 놓듯, 몸짓으로 발짓으로 한 땀 한 땀 심어 놓고 너는 떠나갔다. 날이 가도 그 흔적 또렷하게 남아 사그라지지 않는데, 어찌할까. 텅 빈 수레소리만 가슴팍을 덜컹거리며 가로지른다.

네오야, 호동그란 황금빛 눈동자에 흐르던 너의 눈물 자국은 기어이 내 가슴마저 무너지게 하여, 멍하니 거리를 헤매다니다 기억조차 싫은 1월의 빈 하늘을 불러 세운다. 집으로 돌아와 너를 만날 때면 기다렸다는 듯, 너부죽이 재롱을 부리며 나의 시선을 고정시킬 때, 어린 시절의 네 주인과 닮은 귀여운 모습에 나는 정신이 혼미해진다. 온갖 사랑으로 너를 보살피고 길러주던 네 주인도 떠나가고 이제 너마저 내 곁을 떠나가는구나.

네오야, 신년의 부푼 꿈도 네 주인에게는 사치스러운 것이었던지, 고스란히 혼자만 품에 안고 허허로운 저세상을 앞서 떠나가던 날. 그 짧은 시간 동안에도 하염없이 폭설은 쌓였다. 세상사 참으로 기막히고 한 치를 알 수 없는 일. 꿈에도 없던 너의 주검을 마주치던 날 희끄무레 산천은 진동했다. 따스한 손길로 아아, 입김을 불어넣어 너의 얼굴을 마주하면, 또렷하게 눈동자를 굴리며 나를 응시할 것 같았다. 나의 네오야!

외딴집 옆을 지나가다 가끔 꼭 빼어 닮은 너를 마주한다. 흠칫 놀라 나도 모르게 이름을 불러보고는 맞는지를 확인하려 든다. 그러나 이름이 너의 귀에 닿기도 전에 사라져 버리니 어찌 필시 도채비에 홀렸으리라.

나는 너의 모습이 선명하던 도로 위를 또 한 번 떠올린다. 상처 하나 없이 이마를 숙인 채였던 가련한 모습. 익명의 타인들은 끝내 눈길 한번 주지 않았다.

심장이 정지된 찰나의 순간, 주검으로 변해버린 네 주인의 모습과 그토록 닮았더냐. 능숙한 솜씨로 수많은 나날을 건너다니던 길 위로, 오늘도 때를 맞춰 걸어갔던 그 길. 그러나 엄습해 온 괴기스런 문명은 흉기로 돌변해 연약한 너의 심장을 불러 세우고 말았구나!

가엾은 네오야, 나는 너를 처음부터 다시 사랑의 물로서 꽃을 피워 내고 싶다. 대중이 출입하는 숱한 눈길들도 박동이 멈춰버린 너의 모습을 꿈을 꾸듯 바라만 보고 있었을까. 아니 설마로 외면하고 있었을까. 묻고 싶다. 나는 너에게 저 하늘나라로 가는 꽃신을 신기고 싶지 않다. 네오야!

조용히 눈을 감고 너의 이름을 다시 부른다. 덧널 속에 누워있는 푸르디 푸른 스물여섯. 너의 주검은 나를 두고 떠나는 모습으로 선명하다. 한 줌 쇄골로 돌아올 것을 모르는 것은 아니지만, 먼저 떠나야 할 분명한 이유 없이 하직을 고한다면, 나는 그와 반대로 명분을 찾기 위해 고심에 고심을 더할 것인데, 이제 기억조차 흐릿해져 가고 있다.

네오야! 나의 존재를 자랑스럽게 풀무질해 주던 무거운 손짓 앞에, 무지함조차 사치스러운 후회가 거대한 해일이 되어 밀려온다. 가끔씩 마주치던 반가움은 속으로만 숨겨 놓고, 기어이 모습을 보이지 않은 채 이 세상을 마감하던 날. 낯선 손님이 경계의 눈빛으로 나를 찾아왔을 그때까지도 세상을 둘로 갈라놓을 일은 없을 거라고, 기발한 발상을 멋대로 가설했었지. 그러나 이미 '엎질러진 물이요, 깨어진 독이었다.' 차라리 칼로 살을 베이어 약을 바르고 붕대로 동여매어 아물 수 있게 할 수 있다면.

네오야! 나는 잠시 정신을 가다듬고, 네 주인과 한 몸이었던 그때를 떠올려 본다. 성년의 길로 접어들던 길목에서 더 큰 꿈 하나를 키워보기 위해 떠났던 머나먼 타국. 낯설기만 하던 그 곳 생활방식에도 숨죽인 채 나의 뜻에 어긋나지 않으려고, 속으로만 절규했을 여리디 여린 심정을 어찌 헤아리지 못했을까. 너의 애절한 하소연을 애써 귀 닫고, 잘 적응해야만 살아남을 수 있다고 강압하던 비정한 심사를 외면으로 이루어질 일이었다면 덜 야속하리라.

네오야, 한 줌의 쇄골이 되어 내 이불 속으로 돌아왔을 때 비통한 심정은 다시 너를 살려내려고 생전의 모습으로 돌아간다.

바람에 떨어진 나뭇잎들이 제 갈 곳을 찾지 못하다가 다시 그 바람의 힘으로 자기가 떨어졌던 나무 아래로 옹기종기 모여든다. 그러고는 마저 남아 있는 이야기에 꽃을 피우느라, 이국땅 캄보디아 뚝줌 초등학교 도서관에서 천사들과 함께 도란거린다.

그러나 네오야, 한 몸처럼 다정스럽던 네 주인이 떠난 자리에 이제 너마저도 떠나가 버렸으니 어찌하랴.

부르면 금방이라도 달려올 듯 날렵한 너의 모습이 유리창 너머로 그려지다가 빗물로 흘러 내린다. 나의 하늘아!

울음

세상을 처음 만나는 날, 갓난아기의 울음소리는 인간의 거룩한 무늬다. 돌과 불로 짐승을 이겨낸 인간의 유구한 자취이다. 엄마는 힘주어 말한다. 사람이 되려면 울어라. 사람의 울음으로 짐승의 울부짖음을 이겨냈다. 그 울음으로 인간은 말과 글과 노래를 만들어냈다.

진실한 감정을 숨김없이 표출할 수 있는 사람만이 세상의 영웅이 된다. 칠정(七情, 喜·怒·哀·懼·愛·惡·欲)이 극에 이르게 되면 참된 울음이 나오게 되는 이치이다.

인간미의 상징으로 꼽을 수 있는 것이 울음 말고 또 있을까. 『토지』의 작가인 박경리 선생은 한 해의 마지막이 넘어가는 날, 한 번씩 창자가 끊어지듯이 울었다고 한다. 마음속에 온갖 아픔들이 누름돌 아래에서 꾹꾹 참고 있다가, 세상을 부여잡고 토해내는 지순 지고한 노 작가의 모습이 훤하게 보인다.

울음은 우는 일 또는 그 소리다. 울음 뒤에는 눈물이 따라 나와야 울음의 진가가 나타난다. 그러나 울음보다 눈물이 먼저 앞을 가리는 경우도 많다. 가슴에 멍이 들고 슬픔이 북받쳐서 나오는 눈물은 울음보다 먼저다.

울 수도 없는 상태, 8년 전 나의 눈물이 그러했다. 아마도 붉은색의 눈물이었으리라.

봉우리를 맺어 꽃으로 피어나려던 청춘의 봄을 뒤로한 채, 세대를 앞서버린 불초자(不肖子) 때문이었다. 슬픔을 참고 참아서 토해내지 못한 울음의 열매가 진주조개의 씨앗처럼 맺혀 있다.

우는 것도 일이다. 그 보상으로 주어지는 것이 눈물이라면, 눈물은 울음에게 진 빚을 갚는 일이 아닐까. 눈물이 생겨 나와 뺨을 적시고 코로 입으로 흐르고 흘러서 흥건해져야만, 울음도 제 감정을 다스리며 스스로를 위로할 것이다.

저, 『열하일기』의 연암 선생은 슬픔만이 울음을 내는 것이 아니라, 사랑과 미움 · 욕심과 즐거움까지도 극에 이르면 운다고 울음의 경지를 넓혀놓았다. 전국시대의 철인 장자(莊子)께서도 아내의 장례식장에서 죽음에 따라 곡(哭)하지 않고 오히려

항아리를 두드리며 노래를 불렀다고 한다. 지극한 감정이 터져 나오는 울음은 웃음과 어찌 다르다 하리오. 겨울밤 바람에 젖어 떠는 문풍지도 사람의 일곱 가지 정(情)이 개입되면 일곱 가지 울음이 나오는 것을.

혼돈의 시대, 창조자는 울음덩어리로부터 질서 정연한 천지를 만들어냈다. 하늘이 울어 내리는 눈물은 비가 될 것이요, 비가 땅으로 내려와 강에 이르러면 강물이 될 것이다. 물이 성나 울어대면 인간의 눈물은 메말라 통곡(痛哭)으로 변할 것이다. 그러나 인간에게는 울음을 대신할 말과 글과 노래가 있다.

내 60대의 인연

인연을 맺는다. 과거에 몰랐던 또는 잊고 있었던 것에 대한 새로운 발견을 만나기 위해서.

비 오는 어느 날, 나와 같은 비를 맞으며 같은 길을 걷고 있을 때 같은 무늬의 우산을 쓰고 있는 친근감 하나로 또 인연이 맺어진다.

얼굴도 성격도 행동도 이제는 마음까지도 닮아가는 인연들이 있다. 어슷비슷한 나이에다 60대 열정의 연줄로 매듭을 이어가고 있는 방송대학교이다. 재충전이든 늦깎이든지 간에 다시 공부를 해 보겠다고 각오를 다진 마음들이 너와 나로 같은 무늬 결의 우산 아래서 만나게 된 것이다.

지식의 근육으로 뭉쳐진 그 울타리 속에서 인연들은 잘 가꾸고 다듬어져서 세상의 새로운 문을 열어주고 있다. 때로 투박한 질그릇으로 다가왔다가, 어느새 윤기 반짝이는 도자기의 모습이 되어 같은 길을 걷고 있다. 청춘의 캠퍼스와는 또 다른 신선함이 아침이슬을 머금고 충전소처럼 다가온다. 학교에서는 각 처의 넓은 인연으로 만났다가 거주지로 돌아오면 학생회의 인연으로 이어진다. 그 속에서 우리는 진한 초록 바다의 유화 그림으로 강렬해진다.

바다로 산으로 문화마당의 풍물놀이로 선후배의 가선(緣)은 사람들의 시선을 사로 잡기에 충분하다. 약간은 선로를 이탈하는 학우들이 있다손 치더라도 학생이라는 연분으로 신분의 끈을 다시 조인다. 그 인연은 사심이 없다. 어떤 이익이나 대가를 곁눈질하지 않는다. 그저 주어진 대로 생각들을 늘어놓다가 마침내 한곳으로 모아 내는 순수함이다.

닳아서 너덜해진 소매의 가장자리를 새롭게 둘러싼 산뜻한 헝겊과도 같은 인연들. 매일을 만나도 생기가 돋는 그런 만남이라면 누군들 반기지 않으리오. 그 인연의 순수함을 길게 가져가고 싶은 마음가짐을 내 오랜 보물처럼 자꾸 어루만져 본다면 어떠리.

또 하나의 인연이 있다. 사람과의 인연이 아닌 스포츠와의 인연이다. 20대 후반에 맺어진 인연으로 중매쟁이는 '폐결핵'이다. 월하노인(月下老人)이 보내준 운명의 붉은 실보다 더 운명적으로 이루어진 만남이다. 10개월가량의 혹독한 치유 과정을 소화해 가던 어느 해 가을. 거친 숨을 몰아쉬며 도로를 내달리는 마라톤 중계방송이 TV 속에 비치었다. 무표정으로 아무런 지렛대도 없이 앞만 보고 내달리기만 하는 저, 원시의 생존 경쟁.

마라톤, 그러나 신체의 완벽한 리듬과 체력을 구비한 상태가 아니면 할 수가 없는 운동.

저토록 무정한 대상에 나의 마음을 전할 수 있는 방법은 없을까? 구애의 프러포즈는 내 몸을 먼저 단련시켜서 너에게 다가가는 것으로 시작했다. 차츰차츰 자신감을 더해 갈 즈음 TV에서만 만났던 너에게 편지를 보냈다. 대회 출전 신청서다. 폐병과의 결별을 선언하면서, 너에게로 향하는 질긴 인연의 끈은 그렇게 맺어졌고 순조롭게 불꽃은 피워 올랐다.

그러나 순탄하게 이루어져 간다는 것은 상대방의 허락과 동의가 있어야만 가능한 일. 혼자만의 착각이었던가? 너를 정복하고 싶은 욕망이 고개를 들었다. 결국 무리한 욕망은 너의 존엄을 손상시켰고, 마침내 족저염과 연골 손상이라는 복병으로 3년간의 열애는 끝나는 듯했다.

얼마의 공백 기간 동안 멀어져 갈 것만 같았던 너는 냉정한 얼굴로 나를 돌아보게 했다. 신발 끈을 고쳐 매는 법부터 새로

이 배운 뒤, 투박한 도로 위에서 벌거벗은 순수함으로 너의 위대함을 다시 만났다. 오직 자신과의 싸움에서 자신에게 대화하고 질문하는 시간으로만 만나겠으니 너를 허락해 달라고.

처절하게 나를 찾아 나를 만나는 방법을 배우게 하는 가장 원시적인 운동 마라톤에서 나는 나의 가장 순수한 모습을 만난다. 달리는 동안만큼은 누구의 방해도 받지 않는 자유로움이 그 속에 있기 때문이다. 그 상태에서 나는 자기 집중의 시간을 즐길 수 있을 만큼 이제는 여유롭게 달리고 있다.

고독 속의 집중을 통해서 수많은 타인을 만나는 마라톤. 그와의 인연은 지금 아내보다도 먼저다. 가장 길게 끈을 이어오고 있는 내 60대 인연으로 같이 가고 있는 너는 여전히 많은 선물을 나에게 안겨주고 있다.

남해 유배문학과 서포 김만중

신선이 살 만한 한점 섬(一點仙島) 남해. 스스로 유형의 땅으로 자처한 섬. 곤장과 주릿대의 형벌을 당한 후, 목에 칼을 쓰고 형거에 실려 이역 땅으로 떠나면 당도하는 귀양처. 절해고도로 낙인이 찍힌 노도(櫓島)에서 서포 김만중(1637~1692)은 세 번째 유배지로 이름을 올렸다.

내가 피상적으로만 알고 있던 남해에 관해 좀 더 세밀하게 다가갈 수 있었던 것은, 느지막이(?) 방송대학교 국문학과 3학년 가을학기에 편입을 하고 나서였다. 서포께서 남해로 유배길에 오른 나이가 52세였으니 우연치고는 묘했다. 나는 그 우연을 '서포 김만중의 생애와 문학'에 관한 작은 연구 논문으로 만들어서 의미 있는 만남을 이어보고 싶었다.

방송대 과제물 리포트 작성은 정리되지 않은 지식을 체계화시켜 자신의 것으로 만들어낼 수 있는 최고의 시험이라고 감히 자부한다. 일부러 연구 과제물을 제출하라는 과목들을 집중적으로 수강했던 기억이고 보면, 서포에 관한 탐구도 그 수행과정의 하나였다.

그의 불세출의 한글 소설 『구운몽(九雲夢)』은 1687년 2차 유배지 선천에서, 홀로 남은 노모의 한가함과 근심을 위로하기 위해 쓴 소설이었다. 그러나 『사씨남정기(謝氏南征記)』와 『서포만필(西浦漫筆)』은 남해의 유배 생활에서 탄생되었다. 내가 너의 이름을 불러 주었을 때 너는 내게로 와서 꽃이 된 사연이다. 남해도 서포에게도 얼마나 다행스러운 일인가. 섬이 고향인 나는 마음속의 무엇인가가 겉으로 피어나는 강한 동료 의식을 그때 느꼈다. 마치 고향의 친구를 수십 년 만에 처음 만난 것처럼.

선천 유배 4개월여 만에 다시 위리안치의 공간 노도 섬으로의 귀양살이는 더는 살아서 돌아갈 수 없다는 절망뿐이었으리라. 하지만 유배지 백성들과 어울리면서 우리 문학은 우리글로 써야 한다는 선구자적 각성이 있었다. 그 깨달음이 앵무새론으로 정리되면서 우리나라 소설문학과 서민문학의 선구자가 된 것이다. 한글 애호가로 칭송을 받는 것도 유배지에서 얻은 불멸의 업적이라면 서포에겐 반갑잖은 선물일지 모르겠다.

후궁 장희빈의 문제로 숙종의 미움을 사 유배형을 선고받은 서포로서는 타고난 천성을 발휘할 기회를 남해에서 발견하게 된 셈이었으니, 세상사 새옹지마(塞翁之馬)여!

사형 다음으로 무거운 형벌이었음에도 문사들의 명작이 탄생되던 곳이 유배지이고 보면, 새로운 생을 시작해 볼 기회는 수형자의 마음 먹기에 달렸음을 충분히 짐작해 볼 수 있다.

타향에서의 기약 없는 생활이 이색적 정서와 함께 회한의 정으로 피어난 유배문학은, 풍부한 문학성이 그 주된 바탕이 된다. 서포는 선천과 남해의 유배 시절에 가장 많은 작품을 남겼다.

풀잎에 맺힌 이슬처럼 덧없고 부질없는 삶의 끝자락에서, 만난 두 갈래 길 위에서 서포는 사람이 덜 다닌 길을 택했다. 그리고 그것 때문에 모든 것이 달라졌다.

4

마라톤과 선비정신

마라톤 소고(小考)

출발 신호와 동시에 발주기를 박차고 주로를 질주하는 경주마의 모습은 언제 보아도 경이롭다. 시위를 떠난 화살이 과녁의 정곡을 향해 날아가듯, 거침없이 직선으로 향하는 저 순수와 정직. 기수의 채찍에 가속을 더하여 순응으로 답하는 너의 천성은 마라토너. 경주로를 달릴 때 너의 모습은 가장 선명하게 드러난다.

영하의 한기(寒氣)를 뚫고 바람을 가르는 마라토너들의 거친 숨소리가 귓전으로 울려온다. 그 숨소리는 겨우내 감춰 두었다가 스스로에게 마음 자세를 다짐받기 위해 은밀히 꺼내드는 무기와 같다. 마치 창공을 맴돌다 먹이를 낚아채는 물수리의 발톱처럼, 대회가 시작되면 그 실체를 드러내기 때문이다.

얼어붙은 대지에 봄기운이 돌고, 초목이 싹틀 준비를 하면 마라톤 마니아들의 마음도 바빠지기 시작한다. K형도 그중에 한 명이다. 10년 전 스터디그룹에서 우연히 만나 이제는 마라톤으로 정을 쌓아오고 있는 형이다. 처음 만났을 때 형은 이른 실직 상태였고, 부인과도 헤어져 부서진 갓과 같던 일상생활이었다. 그래도 자신의 삶에 책임을 지고 정직과 성실로써 최선을 다해 살아왔던, 그리고 살아가는 모습에서 애달픈 정을 가슴 한 모퉁이에 심게 되었다.

결국 인연의 끈은 서로의 삶에 이름을 불러주며, 의미를 부여하는 단계로 연결되었고, 마침내 건강을 염려하며 취미 삼아 하는 운동에까지 폭을 넓혀 갔다. 정이 깊어지면 자기가 소유하고 있는 소중한 무언가를 꺼내서 함께 나누고 싶은 생각을 하게 되는 게 인지상정(人之常情)인가 보다.

35여 년 전 폐병과 더불어 시작된 조깅이 마라톤으로 이어진 나의 달리기 운동은 그야말로 내 건강의 전부라 해도 과언이 아니다. 가끔씩 등산 모임을 통해 산에 오르는 것 외에는, 다음번에 달릴 연습 코스는 어디로 할 것인지에 고민 아닌 고민을 이어가는 사치를 매일이다시피 하고 있다. 이러한 고민은 신체에 적당한 긴장감을 심어 주어 시간과의 싸움인 나의 업무에 소중한 활력소가 되고 있다. 달릴 코스를 머릿속에 그려보는 것만 해도 건강하게 달릴 수 있도록, 아직은 별다른 고장이 나지 않은 나의 신체에 대한 존중감이 저절로 생겨난다.

수십 년간 쌓아 온 이 기술적 비결을 바탕으로 내 몸의 기능을 어느 정도는 제어할 수 있는 단계까지 이르렀다면 너무 지나친 말일까? 감기나 몸살 기운이 찾아올 기미가 보인다면 달리기로써 미리 주사를 놓아 건강관리를 해 오고 있는 터다.

이렇게 잘 꿰어 놓은 구슬을 형에게 권유해보고 싶다는 생각을 하게 된 것은, 레미콘 기사로 새로운 직장을 가지게 될 것이라는 당시의 소식을 듣고 나서였다. 운전을 해야 하는 직업이라면 달리기가 제격이라는 생각이 형의 신체에 옷으로 입혀지기 시작했던 것이다. 자신의 육체에 대한 존중감을 갖는 것은 다른 사람들의 육체에 대해서도 존중감을 갖는 것이라는 나의 소신도 한몫을 했지 싶다. 그러나 마라톤이라는 엄청난 체력이 소모되는 운동을 권유한다는 것 또한, 형의 조용한 성품 탓에 선뜻 내키지 않는 경계심으로 같이 자리를 잡았다. 더구나 환갑을 목전에 둔 사람에게 있었으랴. 나에게 소중하다는 이유로, 형의 몸에는 맞지 않을지도 모를 이 운동을 권유했다가는 뒷날 생겨날 걱정과 근심거리가 더 크게 온다면 어찌하랴.

하지만 나는 형의 순수하고 정직한 삶에 점수를 더 주기로 했다. 한 벌의 옷을 자기 신체와 맵시에 안성맞춤이 되기 위해서는 시침바느질의 숱한 노력이 필요하듯, 마음에 어긋나지 않게 맞아들이기 위해서는 돌개바람이 일지 않으면 한없이 망설여지고 낯설은 운동. 나의 시작이 그러했던 마라톤이 아니던가.

답변을 주기로 한 그날, 형의 수락은 흔쾌했다. 의외의 수락에 반신반의의 모호함이 그의 정(靜)적인 생활과 교차되면서 묘한 감상에 젖어 한동안 눈을 감았다. 부서진 마음의 기댈 곳을 성현 중니(仲尼)의 말씀에서 찾고자 했던 형을 마라톤이라는 또 하나의 길로 동행을 강요한 것이 나의 실수가 아니기를 바라면서….

이제, K형의 마라톤 성공담은 우리 동호회에서는 충실한 자기관리와 연습의 전형적인 교과서가 되어 가고 있다. 고희(古稀)를 넘긴 그의 노익장은 물수리의 발톱이 되어 본색을 드러내면서 동호인 모두를 자주 놀라게 한다. 내가 10년 후 K형의 나이가 되었을 때, 저와 같이 달릴 수가 있을까? 같이 달리는 지금 따끔한 충고로 전해져 온다. 언제 힘을 쏟아부어 전력으로 달릴 것인지, 어느 구간에서 쉴 것인지, 이렇게 조금은 남다르게 달려야만 되는 이유를 놀랍게도 참회의 한 방법으로 실천하고 있음을 고백했던 형의 이야기가 떠오른다.

'견디기 어려운 고통이 찾아와 속도가 늦어지거나, 더는 뛰기 힘들어 자신을 질책해야 할 때, 마라톤에 대하여 가장 솔직하게 해 줄 수 있는 대답은 주로를 질주하는 경주마의 모습을 생각한다.'는 것이다.

그러고 보니 마라톤이라는 조련사에 의해 잘 길들어진 형의 모습이 주로를 질주하는 경주마의 모습과 닮았다는 생각이 든다. 경주마를 멘토로 삼아 충실한 자기 관리와 연습의 전형으로 부러움을 한 몸에 받고 있는 K형이다. 지금 해변도로 어디쯤 가면 연습벌레 K형의 아름다운 모습을 틀림없이 볼 수 있을 것 같다.

축적의 시간

매년 1만 명 이상의 달리기 마니아들이 참가하는 대회가 있다. 합천 벚꽃마라톤대회이다. 올해로 19회째인데, 마음을 다져 먹고 참가하기 시작한 이력을 뺄셈으로 계산해 보니 마흔네 살에서 시작된다.

벚꽃이 화려한 자태로 자신을 드러내는 때에 맞추어 개최되는 이 대회는 마니아들의 봄 축제치고는 으뜸을 자처할 만한 명품이다. 자동차만 달릴 수 있는 도로를 이날은 사람들이 달린다. 어른, 아이 구분 없이 다리가 불편한 사람들조차도 재량껏 꽃 축제 속으로 뛰어든다.

만개한 벚꽃 길을 따라서 민소매에 스포츠 팬티만 입고 달린다는 것을 상상해 보라. 각선미를 뽐내고 싶은 청춘들은 달리는 동안만큼은 오늘의 주인공이다. 전국 각지에서 꽃을 찾아 봄맞이를 왔지만, 그들 스스로가 꽃이 된 줄은 모른다. 꽃무늬가 수 놓인 화려한 단장의 유니폼을 입은 수많은 마라토너들로 하여, 4월을 유혹하는 봄꽃에 눈 돌릴 틈이 없다. 사람 꽃보다 아름다운 것이 있던가.

잘 단련된 근육은 도로를 거침없이 호령한다. 발아래에서 아스팔트는 온순한 양이 된다. 꽃향기를 즐기며 달려야 하는 이유이자, 달리는 자가 아니면 넘볼 수 없는 영역이다. 이런 연유로 한 번 두 번 참가하면서 재미를 붙인 것이, 예순의 봄 처녀처럼 4월의 그 날을 기다린다.

그러나 올해는 그 눈부신 꽃 잔치를 즐길 기회가 사라져 버렸으니 낭패다. 연초에 튼실하게 세워 두었던 일 년치 계획들이 시작부터 어그러지는 모습이다. 행여 가라앉지 않을까 싶었던 바람이 여지없이 꺾여 버리니, 마음의 기둥이 뿌리째 뽑혀 버리는 느낌을 지울 수가 없다. 미증유(未曾有)의 대재앙이 세상을 덮쳐도 너무 크게 덮쳐버렸다. 자연은 시기에 맞추어 꽃을 피웠고 정직하게 질서를 지켜주었는데, 인간이 어지럽혀 놓은 탓이리라.

일시에 인간 세상의 질서가 허물어지고, 눈에 보이지도 않는 바이러스에 속수무책으로 당하고 있으니 이 일을 어쩌리오. 상춘객 맞을 준비에 벚꽃은 온갖 정성으로 구수하게 먹거리랑 구경거리를 마련해 놓았는데, 찾는 사람과 먹어 줄 사람이 사라져 버렸다. 벚꽃의 실망은 이만저만이 아닐 터이리라. 누구를 원망하고 탓하리오.

지역에 알맞은 특별한 이름으로 중춘(仲春)의 모습을 담아내던 벚꽃축제가 사라진 자리에는, 1년 전 대회를 끝내면서 다시 건강한 모습으로 방문을 약속했던 메아리만 마니아들의 가슴에 여울진다.

눈부신 꽃 잔치를 되돌릴 수 없으니 어쩌랴. 봄은 오는 것이 아니라 체험하는 것임을 손수 보여주던 벚꽃마라톤. 다시 봄을 찾아내기 위한 여정을 다짐하고 쌓아두는 수밖에….

마라톤과 선비정신

한 번 맺어 평생을 같이 갈 인연. 너의 이름은 마라톤. 칠흑 어둠의 공포 속에서도 콜럼버스의 두근거림은 있었듯이, 신대륙의 발견은 낯설었지만 새로운 세계였다.

너는 성성자(惺惺子). 백 가지의 핑계로 머뭇거리던 나에게 회초리를 들고서 부지런을 가르쳤다. 홀로 있음의 나태함에 보초와 경계를 서슴지 않고 신발 끈을 조이게 했다. 나는 너에게 너는 나에게 달리기를 한다는 그 이유 하나만으로도, 거칠게 내쉬는 숨소리조차 안도와 위안의 등을 쓰다듬는다.

모두가 지휘봉을 든 오케스트라의 지휘자가 될 수는 없다. 그러나 클럽의 멤버가 되어 같이 뛰며 호흡을 나누는 것만으로도 참 행복한 일이다. 내가 있으면서 또한 우리가 있는 것을. 오늘도 아스팔트 위에 발을 담근다. 가부좌를 튼다. 일체의 고통을 넘어 나를 변화시키고 황홀한 깨달음으로 이르게 하는 거경궁리(居敬窮理)의 실천으로의 여정을 떠난다.

출발- 은은히 땅의 고동 소리가 들려온다. 피아노 건반 위를 신들림으로 뛰어다니는 손가락의 정연한 질서처럼, 한 치의 오차 없는 심장의 박동으로 도로 위에 놓여진 건반을 두드린다. 태고적 짐승과 싸워 이겨냈던 인류의 맥박이다.

숨결- 터질 듯이 몰아 쉬는 숨결 속에 선비의 기개와 강인한 너의 모습이 동시에 다가온다. 내 안의 게으르고 이기적이고 선하지 못한 생각들, 끝없이 흔들리고 방황하게 했던 불명과 불완전한 생각들이 이마에 맺힌 땀방울의 수고로 명징해진다.

고통- 세상에 조금씩 물들어가면서 나도 모르게 놓아 버렸던 내 안의 밝고, 맑고, 선하고, 아름다운 본성을 만나는 시점이다. 전신에 퍼져오는 힘줄의 통증이 마음으로 전해질 때면 마귀의 유혹은 시작된다. 지난해 새로 장만한 연두색 신발을 바라보면서 위로의 전문을 보내 보지만 그도 잠시뿐이다. 달려야 할 남아 있는 거리는 다시 머리를 들어 차가운 이성으로 돌아가 의지와 인내를 요구한다. 운동량과 신체 구조에서 주어진 자극으로 겁 없이 내달렸던 처음은 흔적 없이 사라지고, 후회와 적막

감이 서로 어깨를 겨누며 전신을 지배한다. 그래도 두 발은 자동화된 기계처럼 무의식적으로 건반 위를 질주하고 있다.

물 한 잔- 헛된 달리기가 되지 않게 내 마음의 소리를 듣는 순간이다. 나로 하여금 빛나지 못하게 했던 패배감에 마음을 빼앗기기는 싫은 것이다. 지금까지 달려온 거리를 생각하면 적어도 마지막까지 걷지는 말아야 한다. 나는 지금 마라톤을 하고 있고, 늘어난 길이만큼 유혹의 손길도 크고 길기만 하다.

광화문 한복판에서 출발한 마라토너들이 잠실운동장으로 빨려 들어가기 직전의 잠실대교 입구에서는 해마다 인근 마라톤 클럽에서 성찬을 준비해 둔다. 해질녘의 어스름처럼 체력이 일찍 바닥을 드러낸 마이너 러너들을 위해서다. 이쯤에서는 걷다 뛰다를 반복하며, 거리를 좁혀 가는 러너들이 웅덩이에 물 고이듯이 늘어나 있다. 마라톤 참가를 한탄하듯 다리의 난간대를 붙잡고, 수천 가지 사연을 강물 위에 뿌려 놓으며 하소연을 하는 듯한 모습이다. 처녀 출전에 몸을 실었던 춘천마라톤의 추억이 스쳐간다.

저마다 목표에 어긋나지 않게 자신을 다스렸지만, 좀 더 정밀하고 엄격하게 조절을 못한 부작용이 마의 구간에서 나타난 것이다. 그러나 아직은 달려야 할 거리가 남아 있다. 물 한 컵을 낚아채면서 마음을 단속한다.

완주- 놓아버린 마음을 찾았는가. 고밀도의 사색은 끝났고,

일상이 기다리고 있다. 모두가 한마음으로 뛰는 것처럼 보이지만 철저하게 홀로인 것이 마라톤이다. 4시간의 정좌를 통해 구방심(求放心)의 상태가 되었다고 해도, 완주의 문을 열고 밖으로 나오면 방심(放心) 상태인 내 주위의 사물들이 순식간에 나를 둘러싼다. 말초신경을 자극하는 세속 문화에 파묻히게 되며, 먹고사는 문제에 파묻힐 수밖에 없다. 애써 되찾은 마음을 자신도 모르는 사이에 또 잃어버리게 된다.

다음 주에는 하프코스 출전을 위해 운동화 끈을 조여야겠다.

진흙 속의 진주

작은 관심이 이렇게 큰일을 해낼 수 있다는 것을 새삼 깨닫게 됩니다. 누구든지, 어떤 일이 자신의 주변에서 생기면 어지간하게 관심은 가지고 있고, 생각은 하고 있다고 쉽게 말할 수 있을 것입니다.

그러나 아무런 기미조차 느끼지 못한 사이, 별안간 자기 앞에 일이 생겼을 때도 정말 그렇다고 자신할 수 있을까요? 더군다나 사람의 생명을 살리고 죽이는 뜻밖의 일로 연관된다면 어떨까요.

하루를 시작하는 지극히 평범한 일상에 생사의 문제가 개입된다면 어찌 그날의 일과를 마음 편히 시작할 수 있겠습니까. 우리 모두 자신에게는 절대 그런 일이 생기지 않을 것이라는 확고한 믿음이 있기 때문에, 하루의 일상을 시작하고 또한 무사히 마칠 수 있었을지도 모릅니다.

건강을 생각해 봅니다. 우리는 매일 걷거나 자신의 몸에 알맞은 운동을 합니다. 건강한 하루 일과의 시작을 위해서이고, 더불어 행복한 인생을 살아가기 위해 준비해 두는 저축이기도 합니다.

나의 달리기 운동은 이제 몸에 알맞은 나만의 운동이 되었습니다. 제법 규모가 큰 대회에도 마음 놓고 출전할 수 있을 정도로 자신감이 붙었습니다. 오랫동안 쌓아온 자신과의 약속 실천의 결과입니다. 그 실천의 테스트라고나 할까요? 불볕더위와 싸우면서 달리는 태종대 혹서기 마라톤대회에 참가하게 되었습니다.

날씨가 무덥다는 것을 빼면 여느 마라톤대회와 다를 바 없습니다. 지극히 평범한 일상 계획 중의 하나인 것이, 수많은 사람들의 참가에서부터 여실히 나타나 보입니다. 특유의 개성으로 차려입은 간편하고 시원스러운 마라톤 복장들이, 보는 이로 하여금 저런 유니폼을 입고서 뛰어 보고 싶다는 생각이 저절로 들게 할 정도입니다.

'느릿느릿 걸어도 황소걸음'인 나의 마라톤 실력은 이런 대회 때에는 그런대로 효과를 발휘하는 편입니다. 왜냐하면 숲속의 언덕길을 달리는 코스이기 때문입니다. 그러나 아무리 그늘진

숲속 길을 달린다 해도 불볕 속을 달리는 여름 마라톤임에는 틀림없습니다.

그런데 오늘 참으로 뜻밖의 사건을 경험하게 되었습니다. 자원봉사 요원으로 참여하면서 배워 두었던 심폐소생술이 이렇게 요긴하게 쓰일 줄은 꿈에도 생각하지 못한 경험입니다.

근육의 피로를 풀어 주는 목욕을 끝내고, 나머지 일행을 기다리며 망중한(忙中閑)을 즐기던 중이었습니다. 옆에서 비스듬히 벤치를 지키고 있던 타 지역의 동료 한 명이 부지불식간에 고목나무 쓰러지듯, 꼿꼿한 자세로 쓰러지는 것이었습니다. 마라톤을 완주해 낸 사람이 심정지로 쓰러진다는 것이 믿어지지가 않았습니다.

'어, 저 사람!' 눈 깜짝할 사이에 쉼터는 혼돈으로 휩싸였고, 모두 어리둥절 영문을 몰라 하던 틈에 번쩍 '심장마비다'라는 외침과 동시에 반사적으로 심폐소생술을 시작했습니다. 1초에 2회, 혼신으로 심장에다 풀무질하기를 1분여. 마침내 두 손의 기적이 일어났습니다.

닫혔던 심장이 '뻥' 하고 열리는 소리를 난생처음 그때 들었습니다. 환자가 가느다랗게 눈을 뜨면서 짧은 신음과 함께 "제가 쓰러졌어요?"라고 말문을 열었습니다. 죽음의 문턱에서 돌아나온 환자의 어이없는 물음에 너무도 허탈해져 대답했습니다.
"당신 죽었다 살아난 거 아시오."

지금도 그 순간을 떠올리면 참, 어이없는 물음에 대답 또한 어이없는 것이었습니다. 사람의 일이라서 그런가 싶기도 했습니다. 깨어나서 주고받은 대화만으로는 장난 같은 해프닝으로 받아들여질 수도 있을 만큼 극히 짧은 시간이었기에 더욱 그랬습니다. 다행히 구급차의 긴급 출동으로 상황은 종료되었지만, 멈췄던 심장을 다시 뛰게끔 하기 위해서는 5분 안으로 소생술이 이루어져야 한다는 겁니다. 아무리 완벽한 장비를 갖춘 구급차가 빨리 날아온다 해도 10분은 기다려야 합니다.

결국 생사가 갈리고 마는 위급 상황에서, 곁에 있는 이의 몇 번의 따스한 호흡과 두 손의 품무질로 심장만 뛰게 해 놓는다면 죽어가는 생명은 살려낼 수가 있다는 것을 절실히 깨닫습니다. 흔히 쓰는 용어 중에 '골든타임'이란 말을 떠올려 봅니다. 금쪽같은 시간을 말합니다. 정말 제때 잘 활용한다면 대형 사고를 면하고 예방할 수 있는 시간입니다.

우리가 어떤 일을 해 보고자 마음에 두고 가져보는 관심도 또한 금쪽같은 시간을 필요로 합니다. 내게 아무 쓸모가 없을 것처럼 보이던 진흙 덩어리 같던 심폐소생술에 대한 관심.

그것은 진흙 속에 숨어서 생명을 살려내 주는 반짝이는 진주였습니다.

황매산 마라톤

사람들은 오른다. 잃어버렸던 신선(神仙)을 만나러. 힘들수록 상상 속의 사람과의 만남은 극적이다. 하늘을 향해 소리치며 그들만의 신선을 부르는 모습은 우아하다. 참으로 즐거운 일은 자연이 보내주는 최고의 선물을 받아보는 일이다.

팬데믹의 공포에서 조금 벗어난 듯하지만, 그 기세는 여전하여 어디론가 떠나려 해도 여간 조심스러운 요즈음. 모처럼의 야외 훈련으로 마라톤클럽 회원과 함께 황매산을 종주하기로 한 것은 철쭉이 절정으로 치닫던 오월 첫 주, 신록과 함께였다.

국내에서 마라톤대회가 열리지 못한 지도 2년여. 자연은 부지런히 꽃을 피우고 열매를 맺었고, 먹거리를 만들어 인간에게 변함없이 정성을 다했다. 그러나 문명은 코로나를 앞세우고서, 시간을 더해 갈수록 복수심에 불타듯 인간들을 더욱 구속하고 있으니 이 일을 어찌하리오.

마라톤도 그렇거니와 클럽 회원 또한 강도 높은 체력을 요구하는 직종의 종사가 대부분이다. 그런 까닭으로 근년 들어 마라톤대회에 참가하지 못하는 회원들의 스트레스 지수는 상당하다. 힘은 힘으로써 다스린다는 신념을 체력 관리에 그대로 적용시키는 사람들이라 더욱 그렇다.

일 주간의 일터에서 벗어나면 그들의 계획표에는 산을 오르거나, 자전거 트레킹 내지 도로를 달리는 시간은 반드시 들어있다. 부득이한 사정도 어지간해서는 비켜 가지 못한다. 노동의 대가를 가장 평범하게 보상받기 위한 또 하나의 방법으로 신체의 자학적 고통을 택하는 것이다. 집요한 반복, 그 속에서 자신들만의 만트라[1]를 발견해 내는 경건함이 숨어 있다.

달리기를 좋아하는 사람들끼리 모였지만, 자신과의 싸움을 서슴지 않는 회원들이 경외(敬畏)스럽다. 클럽의 리더는 강인한 일주일이 지속될 수 있도록 체력 단련의 책임을 맡아 회원을 독려하는 것이 주된 임무라 해도 지나친 말은 아니다. 황매산 정상을 오르는 가장 멀고 험한 코스를 택하는 일도 그러한 작은 여정 속의 하나이다.

---

1) mantra: 불교나 힌두교에서의 진언(眞言)이나 주문(呪文).

일단 등산이 시작되면 여타의 등산객들과 보조를 맞추는 경우는 드물다. 어떤 산을 오르든지 뛰다시피 한다. 내려올 때 산이 주는 참된 의미를 찾기 위해서라도 오를 때 있는 힘을 다 쏟아붓는 것이다.

자연의 질서 속에서 인간의 질서는 얼마나 보잘것없는가. 돌덩어리 위의 진달래 두 송이가 누군가의 꽃꽂이처럼 선명하게 눈길을 끈다.

산 정상에서 마주하는 그들은 소낙비를 불러온 것처럼 상쾌하게 젖어 있다. 바로 행복을 마주하고 있는 듯하다. 어느 지상의 화가가 저 모습을 행복으로 그려낼 수 있을까. 마주치는 손바닥과 다독여 주는 어깨에서 흘러내리는 따스한 기운과 아름다운 신뢰, 관념이 아닌 경험에서 행복은 비로소 모습을 드러낸다. 돌 틈새에 피어난 두 송이 꽃처럼.

일찌감치 선두주자를 자처하는 50대 멤버들을 보내 놓고, 최고령 김고문 님(79세)의 안내 역을 맡아 처음 철쭉 군락지까지만을 목표로 삼고 등반을 시작했던 기우(杞憂)여. 고문님의 체력을 감안한 나의 제안에 '시작이 반이다'라며 좀 늦더라도 완주할 태세에 자못 진지함이 묻어났다. 군락을 이루며 절정으로 치닫는 철쭉 길로 접어들고부터는 단호하게 선언서 낭독하듯 완주를 외친다.

놀음의 삼매에 빠진 듯이 암벽을 발아래로 밀어내며 신선을 찾아 오르는 삼십 개의 마라톤 성상(星霜)이 믿음직하다.

도를 닦아서 인간 세상을 떠나 자연과 벗하여 늙지 않고 건강하게 오래 사는 사람의 경험을 따로 어디에서 구하리오. 내일도 뛰어 내야 할 나의 마라톤이여!

시조창과 선비정신

'한사~ 안 / 서~흐음 / 다 알 밝은~ / 바아~아암 에 ~ / 수우 루~ 우우우우 에에~ / 혼자~'

매주 화요일 오후 2시가 되면 어김없이 울려 퍼지는 노랫소리가 있다.

사전에 지식 없이 처음 이 소리를 듣는 사람은 언뜻, 바람 고요한 산사에서 들리는 독경 소리와도 흡사하다. 자칫 오해를 불러일으킬 수 있는 생소한 이 소리가 다름 아닌 통영의 한복판에서 낭랑하게 흘러 나온다.

사백여 년의 역사를 지닌 통제영의 중영, 아래 담 옛 청년단 건물과 마주 보며 서 있는 문화원에서 문화학교 수업 가운데 하나로 '통제영의 옛 소리 배우기'가 개설된 것이다. 첫 강의를 시작한 지 햇수로는 6년째가 되었음에도, 여태껏 제대로 된 졸업생 한 명 없고, 배워보겠다는 수강생도 더 이상 늘어나지를 않는 걸 보면 만만치 않은 과목임이 틀림없는 것 같다.

시조란 시절가조(時節歌調)의 줄임말이고 시조창은 시조시(時調詩)에 곡을 얹어 부르는 노래이다. 우선 수업 방식이 선입자의 경우 복식 호흡법을 거쳐 발성법, 창법 등 복잡한 과정을 거치지만, 중도에 입문하는 초학자들은 별도의 이론 수업은 하지 않고, 선입자들의 창법 연습하는 모습만을 지켜보게 한다.

물론 연습 중간중간 이론이 곁들여지면서 창(唱)으로 이어지는 과정은 모든 입문자들에게 공통으로 적용된다. 수업이 진행되는 동안 지루할 정도로 반복되고 연속된다. 이러한 수업 방식에 적응하기 위해서는 강한 인내심과 절제된 수신(修身)이 요구되는 바 제대로 배우겠다면 반드시 거쳐야 할 통과의례인 셈이라 할 수 있다.

그러하기를 한두 달 정도가 지나면 강사님의 첫 요구 겸 질문이 들어오는데, 다름 아닌 "선생님! 이제 입을 한번 떼 보세요."라는 것이다. 열에 아홉, 초학자들의 반응은 손사래가 먼저다. 한국인 특유의 사양지심이 아니라, 맑은 정신으로는 이 희한한 소리를 어찌 감당할 수 없기에 내젓는 손사래임이, 판소리나 민요에 상당한 실력을 가진 분들의 실습을 통해서도 여실히 드러났기 때문이다.

각각 나름의 특장(特長)을 가지고 나누어지는 열 가지 유형의 시조창 중에 사설(辭說)시조와 질음(叱音)시조가 풍류와 멋을 자랑하지만, 가장 선비다운 노래는 역시 평시조를 따를 수 없다. 입문자들이 먼저 접하는 시조임과 동시에 선비정신을 고스란히 담아서 표현해 낼 수 있는 이 평시조창은 특히 마음을 평온하게 하여 감정의 기복을 다스려 내는 준비가 우선이다. 그리고는 한 번에 8박까지 읊어 내야 하는 긴 호흡의 폐활량도 필수 조건이다.

통영을 비롯한 남도 지방에서는 지그시 눈을 감고 시상(詩想)을 떠올리며 읊어보는 「한산도가(歌)」를 평시조창의 으뜸으로 삼고 가장 먼저 가르친다. 한산섬 수루(戍樓)에 올라 깊은 시름에 잠겼던 이충무공의 충정과 우국의 심정이 그대로 담겨 있는 시이다.

이 「한산도가」에 곡을 붙여 창(唱)으로 불리어진 시기를 거슬러서 그때를 바라보면, 과연 이 땅의 진정한 의미의 선비정신은 어떠해야 하는지를 어렴풋이나마 짐작해 볼 수 있다.

낯선 창법에 사뭇 긴장했던 나의 시조창 입문도 5주년이 되어간다. 시(詩) 속에 담겨 있는 창작자의 당시 심정을 헤아리면서 읊어 내는 여유가 이제사 조금 생겨난다.

나의 초학 시절, 먼저 입문해서 배우던 사람들의 연령대는 대부분 60대 이상이었고, 그중 70대가 반(半) 이상을 차지하고 있었다. 인내를 요하는 교습 과정에서 교실의 활기는 그분들의 몫이었다.

칠순을 넘기신 수강생들의 이 간단치 않은 힘의 원천은 어디에서 나오는 것일까? 친분의 정도가 덜했던 그때, 이 궁금증은 자못 심각했었다. 칠순 인고의 세월을 저울 위에 올린다는 것은 함부로 할 수 있는 일이 아니기에.

건강 관리 차원에서 쉽지 않은 공부를 한다는 것도 좀 거리가 먼 것 같고, 한곳에 정신을 집중해서 자신의 내면을 오롯이 함으로써 삶의 깊이를 더하기 위해서인가? 아니면 자기만의 세계를 새롭게 발견해 내려는 도전일 수도 있겠다고 추측을 해 보았다.

그러나 이러한 생각이 얼마나 섣부르고 위험한 결론이었는지 최근에야 그 힘의 원천을 알 수 있었다. 그것은 다름 아닌 참된 선비정신의 구현이라는 보다 깊은 수신의 차원에서 자신을 관리하고 있음이었다.

행위를 엄숙히 하여 인격을 도야하고, 항상 자신을 반성하며 지절(志節)을 숭상하여 고고한 인생관을 가지고 살아갔던 옛날의 선비정신을 실천하고 있었다.

그리하여 지금까지 잊고 있었던 또 다른 자신의 내면 세계를 통영의 선비정신으로 되살려 보고자 하는 강한 의지의 표현이 함께 어우러지면서 시조창의 마력으로 빠져들었음을 알았다.

결성된 모임이 6주년이 지나는 지금도 맥을 이어가고 있는 원천은 그분들의 오롯한 마음가짐이 아니었나 생각해 본다.

나라를 되찾은 이후로 일찍부터 시조창의 역사를 쌓아 온 전국의 시군에서는 해마다 '전국시조경창대회'를 개최하고 있다. 인근의 시와 군에서도 벌써 수십 년 연륜을 헤아린다. 험난한 시대를 올곧은 선비정신으로 살아간 선각자의 이름을 올려 경창의 의미를 더한 지가 오래된 것이다.

한때 구국의 최전선으로서 역할을 감당했던 통영이 바로 이 충무공의 시 「한산도가」의 고향이다. 전국의 선비들이 비장한 무기 하나씩을 가지고 선각자를 뵈러 올 수 있도록 하기 위한 수강생들의 마음은 바쁘다. 참된 선비정신의 구현이라는 일념으로 내공을 쌓아 온 칠순 수강생들의 또 다른 선비정신 덕택이 고스란히 스며드는 지금이다.

이렇게 내면의 힘을 키울 때 사람은 당당해진다. 당당하다는 것은 자신이 처해 있는 상황을 극복해 낼 수 있는 그 무엇과도 바꿀 수 없는 강한 자신감이 있다는 말이다. 우리의 옛 선비들은 끊임없이 자신의 내면을 강인하게 하기 위한 수양의 한 방법으로서 느림의 미학인 시조창을 개발했으리라.

실로 시조창은 강인한 선비정신으로 불려질 때 그 절제된 힘과 멋을 더하기 때문이다. 건강한 신체와 명료하면서 치우치지 않는 언어 능력과 문필 능력 그리고 이치에 근거한 합리적 판단력은 우리 시대에 절실히 요구되는 덕목이다. 시조창은 신구의 조화를 구현하고 큰길을 가더라도 분수를 알게 해 주는 그릇이다.

장군의 시 「한산도가」를 한산섬 수루(戍樓)에서 불러보는 대한민국 대통령을 보고 싶다.

민초의 노래

기해년의 새해가 밝아온다. 기다린 수고로움에 화답이라도 하듯. 저, 천지의 틈새를 헤치고 여명의 고동소리로 다가온다. 한산대첩의 바다 위로 장엄하고 찬란하게 솟아오른다. 일장검 딛고 선 장군의 호령 아래 환호하는 백성들. 저마다의 가슴 속에 한 줄기 희망이 되어 거침없이 일직선으로 향하는 빛의 진실. 시키지 아니했음에도 누구 하나 흐트러짐 없이 일제히 떨쳐 일어나는 모습은 마치 장군이 살아 계신 듯이 생생하고 숙연하다. 무엇을 소망하는 것일까? 이 땅의 민초(民草)들 아니, 통영의 민초들은 또한 무엇을 바라 저토록 환호하는 것일까?

저 해가 솟아올라 봄기운을 재촉하고 4월의 대지 위

에 곡우를 내리면, 이 고장에는 역대에 없었던 명예롭지 못한 일정 하나가 슬그머니 다가와 민초들의 마음을 불편하게 할 것이다.

새해, 지역신문들은 대법원의 선고가 내려지기가 무섭게 보궐선거로 출사표(出師表)를 던지는 인물들을 더듬어서, 자랑처럼 때 이른 선을 보이고 있다. 정벌하러 떠나는 적은 누구이며, 주군에게 밝혀 올리는 그들의 장계는 또한 어떠한 것인가? 자신을 내던져 나라와 주군을 구하고자 출사(出師)하던 제갈량의 다짐이 여전히 위대한 것은 우국과 충정의 진정성이 절절히 배어 있기 때문이다.

이제, 그들만의 출사도 끝없이 추락하는 지역경제와 잃어버린 15년에 대한 원상 복구로부터 시작되어야 한다. 한때 무투표로 최고의 대우를 해 주며 선발 주자로 내세웠던 장수가 있었다. 그러나 지역을 일으켜 세우라는 명을 받아 임무를 수행하고 있어야 할 그 장수는 지금 어디로 갔는가?

저마다 출사의 장본인이 자신임을 내세워 민초들의 환심을 사려 하는 새로운 주자들이 각축을 시작했다. 그들도 '통영 · 고성의 민생경제가 힘들다. 전국에서 제일가는 도시로 성장시키겠다. 새로운 변화가 필요하다.'라고 상소문을 올린다. 살펴보건대 불과 3년 전에 4선으로 최고의 대우를 해 주었던 장수의 구호도 마찬가지였다. 허황된 구호로 시민들에 아첨하는 출사표는 더이상 용납되어서는 안 된다.

전국시대(戰國時代) 맹자께서는 "선비는 대체 무슨 일을 열심히 해야 옳을까요? 정도(正道)를 지향하는 뜻을 숭상하지요. (중략) 자기 소유가 아닌데도 그것을 취하는 것은 의(義)에 어긋나는 일입니다. 선비로서 몸 둘 곳이 어디에 있는가 하면, 그것은 바로 인(仁)에 있는 것입니다. 선비가 갈 길이 어디에 있는가 하면, 그것은 바로 의(義)에 있는 것입니다. 인(仁)에 몸을 두고 의義에 따라 행하면, 이미 그것으로 위대한 덕을 지닌 사람이 힘쓰는 일을 다 한 것이 됩니다."(孟子盡心章句上)라고 통찰하신 바 있다.

이 말은 청렴과 국익 우선의 의무를 생명으로 삼는 정치인이 지향해야 할 바 지침으로 삼으라는 준엄한 재찍이다.

조선소의 몰락으로 인한 고용위기지역과 산업위기대응 특별지역으로 선포된 지역구를 가진 4선 국회의원의 퇴임식이 '징역 1년 6개월 집형유예 3년'으로 장식되는 이 슬픈 현실. 향기로운 님의 말소리에 귀먹고, 꽃다운 님의 얼굴에 눈멀었던 지난날의 회한을 누구에게 보상 받으리오.

여기가 어떤 곳인가! 이충무공의 우국충정의 숨결이 처처에 배어 있는 통영과 고성이다. 대한민국 어디에 내놔도 이것 하나만은 당당했다. 지역 경제가 어려워도 위안의 큰 가림막이었다.

그러나 부끄럽게도 20대 총선에서 전국 유일의 무투표 당선인을 우리 통영·고성인은 참으로 용감하게 배출해 냈다. 허락도 없이 투하된 낙하산의 침투에 의혹의 시선을 보낼 겨를도 없이. 4선의 피땀 어린 결과가 이럴 수는 없는 것이다. 누구를 원망하고 누구를 탓하리오. 지역 민심을 이반하는 사리사욕에 장군의 추상같은 꾸짖음이 간절히 그리워지는 것은 왜일까.

비록 민초들과는 다른 특권과 독자적인 권리를 부여받는다 할지라도 꾹돈*과 절개를 바꾸어서야 되겠는가?

다시 4월은 다가오고 그들 중 누구를 지역 일꾼으로 새로이 맞이해야 하는 엄중한 시간 속에 민초들의 마음은 그저 불편하기만 하다.

*꾹돈: 남에게 뇌물을 주는 돈을 비유적으로 일컫는 말

다시 민초의 노래

1년여 전 국회의원의 빈 자리를 채우는 보궐선거가 있었다. 전직 장수께서 주어진 임기를 영예롭게 다 채우지를 못하고, 법의 심판으로 물러났기 때문이다. 그 자리는 민초들이 직접 옥석을 가려 우리 고장을 위해 대신 몸을 바쳐 봉사해 달라고 만들어 준 자리이다. 그래서 민초들은 이전에는 없었던 우리 고장의 불명예스러운 일이라고 서로 얼굴을 붉히며 수군거렸다. '그럴 줄 몰랐다. 네 번씩이나 만들어 주었는데 이럴 수는 없는 것이다. 그것도 한 번은 투표도 없이 당선시켜 주었는데. 이토록 허물어져 가는 지역경제를 살려 달라고 네 번씩이나 힘을 실어 주었는데….'

올림픽이 열리는 해. 우리나라에는 어김없이 국회의원 선거가 4년마다 찾아온다. 올해는 4월 15일이다. 그런데 이웃집 어르신께서는 "작년에 선거했는데, 뭐 한다꼬 또 하는고."라며 의아스럽게 물어오신다. 그렇다, 작년에 국회의원을 새로 뽑았기 때문에 어르신에게는 당연한 의문이고 이상한 일이다.

여의도 국회의사당을 참관할 때 필수 코스인 국회 헌정기념관에는 '국회 진기록관'이라는 코너가 있다. 왼쪽 전시물은 최연소 · 최고령 의원, 가장 긴 발언을 한 의원, 최초의 귀화인 국회의원 등 특이한 이력을 소개한 것이다. 오른쪽 벽면을 가득 채운 전시물은 '국회의원 가족 당선 기록'이다. 제헌의회부터 20대 국회까지 '부자 국회의원'(부녀·모자·모녀 등도 포함)이라는 제목을 달았고, 모두 47가족이나 된다. 일부는 가족사진도 함께 전시했다. 이와 별도로 '부부 국회의원'이 9가족, '형제 국회의원'이 14가족 있다. '최초' 사례나 '연속 12회 당선' '3형제' 등 특이한 경우는 다른 색깔로 눈에 띄게 꾸몄다. 가족의 정치적 자산을 공유한 국회의원이 적지 않음을 한눈에 보여주는 전시물인 셈이다. 그러나 국회의원으로서 의정 활동이 아니라 '가문의 영광'인 것처럼 보여주는 방식에 고개를 갸웃하게 된다.

최근에 현직 국회의장의 아들이 아버지의 지역구에서 출마를 결심하는 것 같다. 소위 '아빠 찬스'라는 지역구 대물림에 편승하는 모양새다.

"선출직을 세습이라고 하는 건 공당과 지역주민에 대한 모욕"이라고 반박을 해 보지만 진정 지역과 주민을 위해서 덕을 쌓은 후에 출사표를 던지는 것인지의 판단은 순전히 민초들의 몫이다.

다시 4월은 오고, 통영 · 고성을 새롭게 자리매김할 인물을 뽑아야 하는 날이 다가오고 있다. 이제 우리는 또 한 번 자세히, 그리고 세밀하게 들여다보아야 한다. 어떤 통영을 만들고 싶은가. 왜, 통영은 해양수산 전문가나 관광 전문가를 국회의원으로 만들어 내지 못하는가. 굴 패각은 산더미처럼 쌓여 썩어만 가는데. 케이블카도 쇠락의 길로 접어들고 있는데….

전국시대(戰國時代) 장자(莊子)께서는 "평생 한 번 특정한 관점이나 관념에만 갇혀 버리면 죽을 때까지 바꾸려 하지 않는 것이 마치 말(馬)을 달리듯이 세차다."라고 통찰하신 바 있다.

특정한 이념 즉, 주의(主義)에 빠지면 서로 다투고 다투는 것이 일상이 된다. 남 탓만 하게 된다. 특정한 관념이나 이념에 갇혀 스스로에 자유롭지 못하다면 얼마나 슬픈 일인가. 애써 추구해도 얻어지는 것은 없다. 소득이 없다. 어떤 주의(主義)도 변화하는 현실을 반영하지 못한다. 이 세계는 변화하는 모든 것들의 세계다. 스스로 지치고 낡아가는 줄을 모른다.

심판의 날은 다가오고, 출사(出師)의 변은 화려하다. 4년 후의 통영은 어떤 모습일까. 민초들이 악어의 눈물에 속지 말아야 할 사명은 험난하고 어렵기만 하다.

출사를 외치는 그들만의 리그를 다시 눈을 부릅뜨고 미륵산은 내려다보고 있다.

시민의 노래

"시민 행복이 먼저다. 시민 중심의 시정을 적극 펼치고, 시민이 맡긴 권력과 예산은 오로지 공익과 시민을 위해 사용하며 시민이 시정의 주체가 되는 '시민 주권 시대'를 확고하게 정착시키겠다. 그리하여 경제와 일자리를 먼저 챙기고, 멈춰선 안정국가산업단지 재가동, 수산식품 클러스터 유치, 신재생에너지 활용으로 새로운 성장 동력을 창출하겠다." 마침내 민선 7기를 이끌고 나갈 통영시장이 선출되었다. 그의 공약은 우렁차고 이충무공의 승전고처럼 듣는 이의 심장을 두근거리게 한다.

개표가 끝나고 당선자가 확정되는 순간 신발 끈을 동여매고, 미륵산 정상에 올랐다. 바다의 땅, 통영의 이름으로 점점이 떠 있는 저 섬들도 오늘을 기다렸던가. 섬 속에서 속삭이듯 이야기가 들려온다. 들려오는 이야기들은 다양하고 섬세하다. 잠시라도 한눈을 팔고 귀를 기울이지 않는다면 허공 속으로 순식간에 사라져 버린다. 한 번 더 그 이야기를 들려주면 새겨서 듣겠노라고 말한다면, 그때는 늦어서 손을 써서 어찌해 볼 도리가 없다. 비단 저 섬들에만 해당되는 이야기리오.

전국시대(戰國時代) 맹자께서는 "그곳에 사는 백성들의 마음을 얻는 데는 방법이 있으니, 원하는 것은 그들에게 모아주고 싫어하는 것은 시행하지 않는다는 것뿐이다. 그것은 곧 인정(仁政)이라 할 수 있는데, 백성들이 인정(仁政)을 베푸는 곳으로 돌아가는 것은 마치 물이 낮은 데로 흘러가는 것과 같으며, 짐승들이 넓은 들로 내닫는 것과 마찬가지니라."(孟子離婁章句上)라고 통찰하신 바 있다.

이 말은 꿈과 소망이 이루어지기를 바라는 백성들의 마음이 군주의 어진정치를 통해서 실현되어야 한다는 성현의 가르침인 것이다. 다행히도 민선 7기를 맡아서 통영을 이끌고 갈 당선자께서도 일찌감치 "시장은 자신의 꿈을 실현하는 자가 아니라, 시민의 꿈을 실현시키는 자이며, 시민의 꿈을 지키는 자이며, 시민의 꿈을 더욱 풍성하게 만드는 자이다. 이것이 저의 소명이며, 기본철학이다."라고 그의 포부를 밝힌 바 있다. 여태껏 어느 누구에게서도 들어보지 못한 신선한 울림이다.

앞으로 4년간 통영을 이끌어가는 이 기간은 지금껏 경험해 보지 못한 격변의 시기가 될 것임을 예고하고 있다. 최근 남 · 북 · 미 사이에 일어나고 있는 격변이 그러하듯. 시민들이 변화를 선택했다면, 선택한 변화에 부합하는 과감한 발상의 전환 즉, 패러다임이 필요하다. 이제는 시민들도 당파의 색깔과 이념을 떠나 진정 우리가 바라고 원하는 통영 건설에 박차를 가할 수 있도록 아낌없이 힘을 실어 주어야 마땅하리라. 그리하여 통영시민에 의한, 통영 시민을 위한 통영 건설이 그 실체를 드러내어 하나둘씩 현실로 다가올 때 통영은 격양(擊壤)의 노래를 부를 준비를 할 것이다.

특히, 통영을 대표하는 문화예술인들과 그들이 남긴 고귀한 문화유산이 영원히 기억될 수 있도록 보존하고 연구하는 중요한 일은, 특정인의 전유물로 사유화되어서는 안 될 것이다. 통영에 적(籍)을 두고서 문학 · 예술 활동을 하고 있는 등단 작가들에게 분야별로 프로젝트를 주어 연구케 한다면, 사명감에 혼신을 다할 것이며 지역문화의 정체성 확립과 활성화에도 더할 나위 없을 것이다. 통영 사람만으로도 인프라 구축은 충분하고도 남는다. 타지역의 사람들을 불러들여 인심 쓸 것까지야 무슨 소용 있으리오.

이러한 작업을 통해 20세기 초에 부흥했던 통영 문화예술의

르네상스를 다시 한번 불러일으켜, 그야말로 예술의 향기가 흘러넘치는 예향 도시로 흐름을 지속시켜 가는 토대 마련이 대단히 중요하다.

대여 김춘수 선생을 늦지 않은 말년에 고향 통영으로 내려오시게 해서, 후배 문인과 제자를 양성하는 일을 할 수 있도록 왜? 통영은 여건을 만들지 못했을까. 청마께서 대여를 키워 내었듯이….

코끝을 스쳐 가는 꽃의 향기처럼 그립고 아쉬움에 가슴 여민다.

코로나바이러스-19의 일상

코로나바이러스-19 전염병이 발생한 이후로, 매일 확진자 숫자와 사망자 숫자를 보는 것이 습관화되었다. 줄어들기는커녕 늘어나기만 하는 이 괴질환으로 사람들의 고통도 하나둘씩 증가하기 시작했다. 발생 초기에는 예전의 전염병처럼 일시적으로 기승을 부리다가 언제 그런 일이 있었는지, 기억 속에서만 가물거릴 것이라고 생각했다.

그러한 설마 속에서 인간들은 찬란하게 쌓아 놓은 현대문명의 쾌락을 조금이라도 더 만끽하고 싶어 했다. 오랜 관념과 타성에 젖은 문명의 이기를 한시라도 놓쳐버리고 싶지 않은 것이기 때문이리라. 설마, 내가 전염병을 초월하는 문명 속에서 살고 있는데, 내 몸속에는 침투하지 못하겠지. 설마, 침투했더라도 잠시 스쳐 가는 정도로 끝나겠지. 겁 없이 어디를 감히 덤벼든다는 거야. 손가락 하나로 콕 집어내면 그만으로 간단히 없어지겠지.

자만이 도를 넘고 있는 줄도 모르고, 인간은 전염병에 아무것도 빼앗기지 않고 싶은 것이다. 우리가 지금까지 이기(利器) 속에 살며 누려 왔던 사치스러움, 물질적 풍요, 자유와 건강에 대해서 대단히 거만을 떨며, 너무도 당연하게 생각하고 있는 것이다.

수일 전, 미국 「파이낸셜 타임지」에 코로나-19 사태에 대응하는 각국의 정상들의 자세를 질타하는 기사가 나왔다. 다름 아닌 시대를 앞서가는 그 나라의 경제인을 각국 정상들에 대비시켜 코로나-19 대처 방법을 제시하는 내용이었다.

내용인즉, '자화자찬' 트럼프 vs '타찬' 빌 게이츠. '아베노마스크' 아베 vs '우리에게 달라' 손정의. '정보 비공개' 시진핑 vs '나의 친구' 마윈. 무슨 일을 하고 있는 사람인 줄 이름만 들어도 단번에 알 수 있는 세계적 거물들이다. 각국의 정상들은 코로나-19 대응 문제로 리더십에 심각한 타격을 입으면서 자국 내 입지도 매우 흔들리고 있는 상황이다. 어린아이들이 보아도 대처 방법에 대해서는 의아스러워할 정도다.

반면, 빌 게이츠, 손정의, 마윈 등 그 나라를 대표하는 경제 리더들은 대규모 기부 활동과 적극적 개입으로 글로벌 대중의 호응을 얻고 있다.

불쑥 꺼낸 '살균제 인체주입 치료' 발언 후, 후폭풍이 일파만파로 확산 중이며, "살균제가 바이러스를 1분 안에 나가떨어지게 할 수 있다."고 말한 트럼프에 대한 비난이 이만저만이 아니다. 미국 식품 의약국(FDA)의 경고를 받고 있는 모양새다. 마침내 그에 대한 신뢰도는 날개 없는 추락을 하고 있다.

대통령의 근거 없는 약물을 홍보하는 사이 빌 게이츠는 코로나-19 백신과 치료제 개발에 앞장서고 있다. 이번 사태에서 '바이러스 투사'의 별명을 얻은 그는 1년 내로 백신이 대량 생산될 것이고, 그의 재단을 통해 바이러스 전염병에 전적으로 집중할 것이라고 말했다. 마이크로소프트사의 신화를 일궈낸 선견지명으로….

일본은 어떠한가. 자국에 코로나-19가 시작됐을 때부터 아베 총리의 미숙하고 부실한 대응으로 여론의 뭇매를 맞고 있다. 코로나-19가 폭증하고 의료 공백이 발생한 근본적 원인을 제공한 아베 총리는 의료용품 부족 현상이 발생하자 천 마스크를 가구당 2장씩 배포하는 독단을 강행했다. 그나마도 벌레가 있거나 오염되는 등 불량 마스크였다. 이로 인해 '아베노마스크'(아베의 마스크)라는 비아냥거림을 듣고 있던 와중에, 손 회장은 상황 초반부터 적극적인 지원 의사를 밝혀왔다.

일본 내에서 코로나-19의 심각성을 우려하는 의견이 상대적으로 약했을 시점에 선제적 대응으로, 그는 100만 명분의 코로나-19 검사 장비를 무상으로 제공할 계획을 세웠다. 일본 지방자치단체가 아베 총리가 아니라 손 회장에게 도움의 손길을 요청하는 상황이 관심을 끄는 이유는 무엇인가. 손 회장은 지난 10일 트위터에 올린 글에서 "미국은 코로나와의 전쟁에서 국립감염증연구소장인 파우치 박사에게 진두지휘를 맡기는 반면, 일본은 왜 경제 재생 담당상에게 지휘를 하게 하는지 이해할 수 없다."고 사실상 아베 총리를 겨냥했다. 선행 자체도 중요하지만 행하는 과정에서 여론 경청을 충분히 했다는 점에서도 긍정적 분위기가 형성됐다.

중국 정부와 시진핑 주석이 코로나-19와 관련, 전파국으로서 서방의 집중적 표적이 되고 있다. 안팎에선 중국 공산당을 비판하는 기업인과 언론인, 지식인이 사라지는 것은 시 주석을 중심으로 한 권위주의 정권에서 원인을 찾고 있다. 서방은 중국이 정보를 제대로 공개하지 않아 팬데믹이 발생했다고 공격 중이며, 마침내 책임론을 거론하고 있다.

독일의 「빌트」지는 시진핑 주석에게 "코로나가 조만간 당신을 정치적으로 멸망시킬 것이라 믿는다."면서, "전 세계를 돌고 있는 중국의 히트 상품은 코로나바이러스"라고 강도 높은 비판을 가하고 있다.

그러나 중국의 전자 상거래업체 '알리바바' 창업자 마윈은 코로나-19의 세계적 확산 이후 세계 100개 이상 나라에 1,800만 개 이상의 마스크와 진단 키트 등의 의료 용품을 지원했다. 산소호흡기 1,000대를 기증받은 쿠오모 뉴욕주지사는 마윈 회장에게 감사의 뜻을 전달했다고 한다. 코로나-19를 '중국 바이러스'라고 칭하며 충분한 정보를 제공하지 않은 중국을 비판하고 있는 트럼프 대통령조차도 "마윈은 나의 친구이며 산소호흡기 기증을 매우 고맙게 생각한다."고 칭송할 정도다.

대한민국은 어떠한가. 스스로 개발한 K-방역으로 국민의 자부심과 긍지를 느끼게 하는 요즈음이다. 이를 계기로 선도국가의 위치에 올라서려는 정부의 의지는 이전에는 경험하지 못했던 국민의 동참을 필요로 하고 있다. 좌우의 이념에 사로잡혀 국격을 손상시키는 구시대 악습과의 결별은 지금 시대를 살아가는 사람들이 해결해야 할 과제로 제시된 지 오래다. 선도국가에 올라서려는 일치된 시선으로 국민의 힘을 결집시켜 대 기운의 전환점을 우리의 것으로 만들어내야 한다. 그러한 지도자의 지혜로운 리더십에 국민은 한 덩어리가 되어 응답해야 한다. 코로나-19의 일상에서도 탁월한 사유의 눈높이로 세상을 바라본다면, 정부도 국민도 서로를 신뢰하는 강한 일체감이 생겨나는 놀라움을 발견할 것이다.

생활 철학과 문행일치

- 박길중 수필집 「24시 편의점」을 중심으로

강 천 (수필가)

수필은 경험이 큰 비중을 차지하는 사실적 문학이다. 우리가 매일매일 살아가는 일상은 사건의 연속이다. 그 일이 기억에 남을 만큼 뚜렷하지 않다고 하더라도 인지하는 것 자체가 경험이다. 수필은 이러한 경험에 의미를 부여하는 작업이라고 말할 수 있다. 큰 사건은 진한 울림으로, 사소한 일들은 작지만 나름의 방식으로 재해석 되고 문장이 되어 한 편의 수필로 탄생한다.

한국전쟁 때에 납북된 김진섭 수필가는 「생활인의 철학」에서 다음과 같이 말하였다. "철학자에게 철학이 필요한 것과 같이 속인에게도 철학은 필요하다. 왜 그러냐 하면, 한 가지 물건을 사는 데에 그 사람의 취미가 나타나는 것같이 친구를 선택하는 데 있어서도 그 사람의 세계관, 즉 철학은 개재되어야 할 것이요, 자기의 직업을 결정하는 경우에도 그 근본적 계기가 되는 것은 물론, 그 사람의 인생관이 아니어서는 아니 되겠기 때문이다." 이 말은 우리가 무슨 형이상의 철학을 논하지는 않더라도 물건을 사는 일, 친구를 사귀는 등의 사소한 일에도 반드시 세계관과 인생관을 가지고 행해야 한다는 의미이다.

수필가 박길중의 작품세계는 경험을 곧바로 수필화 시켜 직선적이다. 비비 꼬거나 에둘러 말하지 않아 적나라하다. 생활이 곧 철학으로 이어져 작품으로 탄생하기에, 글과 삶이 다르지 않은 문행일치라는 특이성이 작품 전반에 걸쳐 강하게 드러난다.

소재의 의미화와 철학성

평범한 일상이 작품으로 승화되기 위해서는 경험에 의미가 부여되어야 한다. 이를 '소재의 의미화'라고 하는데 그 작품의 주제이자 중심이 된다. 작가가 겪은 체험에 의미를 부여하지 못한다면 그것은 작품이 아니라 현상을 설명하거나 나열하는 잡문에 지나지 않는다. 수필이 수필로서의 문학성을 부여받는 과정이 바로 경험이 내게, 또는 우리 사회에 어떤 의미가 있는지를 갈파해 내는 일이다. 소소한 일상의 작은 경험일지라도 뽑아내는 맛깔스러운 의미가 있다면 독자들의 호감을 받는 일은 그리 어렵지 않다.

이른 새벽 뒤뚱거리며 귀한 단골손님이 오신다. 엄마가 먼저 재촉하지 않았을 텐데, 아닌 밤중에 홍두깨다. 자세히 보니 금방 울다 남은 눈물 자국이 선명하다.

"우리 아나운서 오셨네요." 이렇게 일찍 편의점을 방문한 이유도 눈치채 볼겸 인사말을 건네 본다.

"할아버지한테 인사드려야제." 셋만 통하는 간단한 대화가 오가면 곧잘 하던 배꼽 인사가 오늘은 바로 연결이 아니 된다. 까닭이 자못 궁금해져 옆으로 가까이 가서는 눈 맞춤을 해본다.

아뿔싸, 순식간에 예상찮은 사건이 터지고 말았다. 겨우 삼켰던 울음이었는데, 한 대 쥐어박은 꼴이 된 것이다. -「24시 편의점」에서

위 문장은 너무나도 평범하고 특별한 것 없는 편의점의 일상을 나열해 놓았다. 아이의 고집통을 못 이긴 새댁이 이른 새벽부터 편의점을 방문한다. 아기와 주인이 서로 통하는 별명까지 있는 걸 보니 제법 자주 오는 단골손님임이 틀림없다. 아이어머니의 부담도 덜어 줄 겸사로 인사를 건네는 모습은 영락없이 동네 편의점을 지키는 할아버지의 모습이자 정겨운 장면이다. 그러고는 더 잘해보려 아기와 눈을 맞추다가 오히려 울려버리는 곤란한 상황에 부닥치고 만다. 이 문장이 현재 사건의 시작이자 끝이다. 특별한 일도 아니고 부러 꾸며낼 필요도 없는 24시 편의점의 새벽 풍경이다.

이후 그는 이 평범한 일상을 빌어 자신 삶으로 의미화를 시도한다. 이 순간이 왜 소중한지. 이 순간이 왜 행복한지 사유하는 것이 바로 사건을 의미 있게 만든다. 작가는 십 이삼 년 전만 해도 밤새워 불을 밝히는 이런 세상이 있다는 사실을 몰랐다. 몰랐다기보다는 자기 일이 아니니 크게 개의치 않았다는

것이 맞는 말일 게다. 경위야 어찌 되었든 편의점을 시작하게 되었고 처음 일 년 정도는 몸과 마음이 적응하지 못해 꿈꾸는 법조차 잊을 만큼 힘든 시간이었다. 그런 고된 과정을 이겨내었기에 지금의 여유로움과 편안함이 있다는 의미다. 그 결과물로 눈앞에서 울음보를 터뜨리고 있는 꼬마 손님도 행복 덩어리라는 말이다. 더불어 자기뿐만 아니라 똑같이 밤을 밝히는 불빛이 울릉도에도 있고 욕지 섬에도 있음을 위안 삼으며.

작품이 문학성을 부여받기 위해서는 사건과 의미만으로는 충분하지 않다. 일상에 의미를 덧입혀서 평이성을 벗겨내었다고 하더라도 철학성이 가미되지 않고는 수필이라고 이름 붙이기에는 다소 미진한 부분이 있다.

> 그곳을 삶터로 정한 사람들의 낮과 밤은 굳이 구분을 두지 않아야 적응해 낼 수 있다. 시간과의 싸움이 아니라 시간과 타협을 해야 한다. 서로 사이좋게 조정하고 협의해야만 작은 기쁨을 찾아낼 수 있다.
>
> –「24시 편의점」에서

이 간단하면서도 짧은 문장이 바로 그가 찾아낸 24시 편의점의 운영 철학이자 생활 철학이다. 그가 십여 년 넘게 편의점을 운영하면서 깨달은 점이 바로 '밤과 낮을 구분해서는 안 된다'는 것이다. '시간과 싸워서도 안 된다'는 것이다. "왜 나는 보통 사람들처럼 낮에 일하고 밤에 자지 못하는 것일까"하고 불만을 가져서는 적응해 낼 수 없다는 말이다. 야간 영업은 손님이 없어 무료하고 하릴없이 기다리는 시간은 적적하다. 온갖 만감이 교차하기도 할 것이다. 화려했던 과거가 그리울 때도 있을 것이고, 자리만 지키고 있는 지금 이 상황에 화가 치밀어 오를 때도 있을 것이다. 하지만 현실이 남과 다름을 인정하고 마음을 다스리는 일을 그는 '시간과의 타협'이라고 표현하고 있다. 그는 이제 기다림의 시간에서 기쁨을 건져 올릴 수 있는 달관자가 되었다. 위에서도 언급했지만, 생활 속의 깨달음은 철학자가 말하는 거창한 철학이 아니다. 그저 일상에서 얻는 처세와도 비슷한 생활 철학이다. 그래도 이 자신만의 철학이 중요한 것은 이것이 없으면 그의 오늘과 내일이 없기 때문이다.

사건의 의미화란, 어떤 일이 일어났을 때는 작든 크든 희로애락의 감정이 발생한다. 그 감정은 잠깐 드러났다가 사그라지기도 하고 오랫동안 남는 여운이 될 수도 있다. 그는 스치듯 지나는 이 감정의 편린을 잘 갈무리하여 작품으로 승화시켜 놓았다.

소재, 즉 사건은 대체로 3단계를 거쳐 의미화되어 자기 속에 침잠해 있는 철학을 일깨운다. 먼저 발견이다. 경험이라는 소재는 늘 우리 곁에 놓여있다. 그렇다고 하더라도 모든 사건이 다 수필화되는 것은 아니다. 아무리 큰 사건도 작가의 그물망에 걸리지 않으면 의미 없는 일이다. 사건이 소재화되어 문학작품으로 탄생하기 위해서는 발견이라는 단계를 거쳐야 한다. 임어당(林語堂)은 이를 "생활의 발견"이라고 했다. 소재의 발굴이란 일상에서의 사건을 글감으로 채굴해 내는 안목을 말한다.

두 번째는 의미를 찾는 일이다. 특별한 뜻을 지녀야 한다는 데 집착할 필요는 없다. 내가 의도했건 하지 않았건 간에 행위에는 반드시 동기가 있다. 평소라면 무심결에 지나쳤을 경험에 대해 그 근원을 거꾸로 찾아가는 일이 의미화 작업이다. 그것에 불편한 진실이 숨어있다면 드러내어 자세히 바라볼 일이고, 부족함이 있다면 스스로 채워야 한다. 바라보고 채워가는 그 과정이 바로 내 삶의 의미가 아니겠는가.

세 번째는 진정성이다. 소재에서 찾은 의미를 진정성 있게 지속해서 반복하다 보면 그것이 어느 사이엔가 나를 지탱하는 힘이 되어있음을 느끼게 된다. 자기 내면에서 수없이 걸러져 절로 우러나오는 생각이 바로 생활 철학이 아니겠는가. 마치 시간의 성자가 된 「24시 편의점」의 박길중 수필가처럼.

은유와 상상

> 오후 3시의 태양은 잘 익은 감이다. 무르익어 사람의 손을 기다리는 홍시다. 어디론가 떠나기를 작정하는 사람들의 가슴에 내려앉으면 손을 내밀 수밖에 없는 유혹이 된다. –「갈치 낚시」에서

지난해 조화를 부려 설치해 놓은 3단으로 된 작은 계단식 양철지붕이 그 절묘함의 주인공이다.

정체를 뚜렷이 드러내는 마디 굵은 빗소리, 그림자도 없이 땅을 찾아 내려오는 밤이슬, 이들의 미세한 움직임에 소묘와 청음의 몰입을 요구하는 것도 양철지붕이다.

첫 번째 계단에서 새끼손가락 크기의 힘을 모은 다음, 두 번째 계단을 내려설 때 이슬은 방울로 뭉쳐서 비로소 소리를 내기 시작한다. 스타카티시모로 이어지는 이들의 연주에 양철지붕은 스스로 악기가 되어 화음으로 대답한다. 세 번째 계단에서 그들의 자작곡은 쇠로된 사각기둥 속에 고스란히 고여 들어 소리굽쇠의 울림으로 다가온다. 귀를 대고 있노라면 그들의 노랫소리에 계단을 따라 길을 나서는 물방울의 모습이 그려진다.

–「빗소리 소묘」에서

3단으로 된 양철지붕 맨 위층에 밤새 이슬이 내려앉았다. 아침이 되자 맺혀있던 이슬이 모여 또르르 골을 타고 흘러내린다. 층계에 이르러서는 드디어 '똑' 하고 소리를 발생시킨다. 반복되는 이슬방울 떨어지는 소리를 그는 음악 소리로 해석한다. 그냥 있는 그대로 '이슬이 모여 물방울이 되더니 똑똑 떨어진다'라고 기술하면 얼마나 멋쩍은 글이 될 것인가. 그러기에 작가는 물방울 소리를 음악 소리로 치환했다. 그것도 짧게, 짧게 끊어내는 스타카티시모로 은유한 것이다. 또한 물받이에 모인 물이 흘러가는 소리를 소리굽쇠가 내는 울림의 소리로 듣는다. 그 흐르는 소리를 "물이 드디어 먼 길을 나서는"이라고 오히려

시각적 모습으로 소묘해 놓고 있다.

내친김이니 그가 듣는 빗소리의 메타포를 한 번 좇아 가보자.

> 이슬의 연주가 없는 날, 궂은비의 노래는 마음을 어지럽게 한다.
>
> 작살비는 건설장비가 바위를 깨듯 날카롭다.
>
> 가랑비는 나그네 길 떠나는 소리다.
>
> 여름날 소낙비는 건설현장의 달아오른 열기와 땀을 식혀주는 청량제다.
>
> 아파트 방충망 너머 수직으로 떨어지는 빗줄기는 엘리베이터를 생각나게 한다.
>
> 가람의 빗소리는 곧 헤어져야 하는 슬픔을 잠시나마 잊어버리도록 마음을 다독여주는 안도의 한숨 소리가 숨어 있다.
>
> -「빗소리 소묘」에서

양철지붕에 빗방울이 부딪히는 소리가 얼마나 시끄러운지 들어 본 사람이면 알 것이다. 그런 소음 수준의 잡음을 강도에 따라 다양한 모습으로 변화시켜 받아들인다. 노래가 되었다가 중장비 소리가 되기도 한다. 청량제가 되었다가는 엘리베이터로 변신한다. 이런 복합적인 상상이 곁들여 있기에 수많은 빗소리를 지루하지 않게 즐길 수 있다. 그 묘사와 은유와 상상적 표현으로 인해 이 작품은 제목 그대로 소리가 그림으로 전위되는 시각적 요소까지를 곁들이게 된 것이다.

"언어가 외연적 의미로 쓰이면 과학적이거나 철학적인 것에 가까워지고, 언어가 내포적인 의미로 쓰이면 쓰일수록 문학적이거나 시적인 것에 가까워진다." 허상문 평론가가 어느 수필 평에서 사용한 말이다. 수필이 사실, 직설, 서사만 부각한 외연적 언어로 쓰인다면 당연히 경직된 글이 된다. 같은 상황일지라도 함의, 내포를 가진 은유적 기법으로 환치된다면 동적이고 시적인 요소가 더해진 부드러운 글이 될 것임은 자명하다. 박길중은 상상을 통한 서사의 확대와 은유를 활용한 표현의 다양화로써 이를 잘 활용하고 있다.

열혈의 문학가

"인간은 사회적 동물이다." 너무 많이 회자하여 진부하게까지 들리는 이 말이 어쩌면 수필가 박길중에게 가장 잘 어울리는 말일 수도 있겠다. 그는 사회 참여형 인간이다. 치유의 목적으로 젊어서 시작한 마라톤을 비롯하여 시조창, 바둑, 풍물, 낚시, 늦깎이 학생, 한문학 석사 수료 등 웬만한 모임과 배움에는 모두 발을 들이민 팔방미인이다. 그리고 정치에 이르기까지 쓴소리를 거침없이 내뱉는 열혈한이기도 하다.

그의 인연론은 이렇게 시작된다.

> 인연을 맺는다. 과거에 몰랐던 또는 잊고 있었던 것에 대한 새로운 발견을 만나기 위해서. 비 오는 어느 날, 나와 같은 비를 맞으며 같은 길을 걷고 있을 때 같은 무늬의 우산을 쓰고 있는 친근감 하나

로 또 인연이 맺어진다.

20대 후반에 맺어진 인연으로 중매쟁이는 '폐결핵'이다. 월하노인(月下老人)이 보내준 운명의 붉은 실 보다 더 운명적으로 이루어진 만남이다. 10개월가량의 혹독한 치유과정을 소화해 가던 어느 해 가을. 거친 숨을 몰아쉬며 도로를 내달리는 마라톤 중계방송이 TV 속에 비치었다. 무표정으로 아무런 지렛대도 없이 앞만 보고 내달리기만 하는 저, 원시의 생존 경쟁.

얼굴도 성격도 행동도 이제는 마음까지도 닮아가는 인연들이 있다. 어슷비슷한 나이에다 60대 열정의 연줄로 매듭을 이어가고 있는 방송대학교이다. 재충전이던 늦깎이이던지 간에 다시 공부를 해 보겠다고 각오를 다진 마음들이 너와 나로 같은 무늬 결의 우산 아래서 만나게 된 것이다.

바다로 산으로 문화마당의 풍물놀이로 선후배의 가선(緣)은 사람들의 시선을 사로 잡기에 충분하다. 약간은 선로를 이탈하는 학우들이 있다손 치더라도 학생이라는 연분으로 신분의 끈을 다시 조인다. 그 인연은 사심이 없다. 어떤 이익이나 대가를 곁눈질하지 않는다. 그저 주어진 대로 생각들을 늘어놓다가 마침내 한곳으로 모아 내는 순수함이다.

-「내 60대의 인연」에서

그에는 생계와 여기가 따로 없다. 삶 그 자체가 취미 생활이고 문학이고 운동이다. 수없이 많은 인연을 만들어 가졌지만 그 열혈이 있기에 누구보다도 진심이다.

여행을 떠나 유숙지에 여장을 풀면 등산로를 찾아내는 일은 제일 먼저 처리해야 하는 도착지 일과 중의 하나이다. 산이 없는 곳이면 달리기 코스를 찾는 일 또한, 버리지 못하는 습관이다. 신선한 새벽을 조금이라도 일찍 품에 안기 위해서이다. -「강화도 기행 소고」에서

보통 사람이라면 여행지에 도착해서 무엇을 구경할지, 무엇을 먹을지를 고민하지만 그는 어떤 코스로 아침 운동을 나갈지를 먼저 고민한다. 그리고 어김없이 실행한다. 지난밤의 질펀한 술자리도, 밤늦은 유희도 그의 아침을 막지 못한다. 새소리와 함께 일어나서 산을 타고 오건, 거리를 휘젓고 오건 운동을 거르는 법이 없다. 이러한 자기만의 철칙과 자기관리가 어떤 일이든 거침없이 해내는 자신감의 원동력이 된다.

투박한 쇳덩어리에 저항 한 번 못하고 고스란히 온몸을 내주어도, 이름만은 지키고자 했던 일그러진 비석의 표정이 아직도 눈에 선하다. 인간의 탈을 뒤집어쓴 악마. 소나무에 패인 'V'자가 더욱 선명하게 피를 흘리고 서 있는 모습으로 나타난다. 선혈이 낭자하게 가죽이 벗겨진 채로….

도처에서 자행된 저들의 저열한 행위에 분노와 억울함이 치밀어 올라, 짚어지지도 않는 약소국의 무능함을 부둥켜안고 한동안 목을 놓았다. -「운문사 솔바람 길」에서

저마다 출사의 장본인이 자신임을 내세워 민초들의 환심을 사려하는 새로운 주자들이 각축을 시작했다. 그들도 '통영·고성의 민생경제가 힘들다. 전국에서 제일가는 도시로 성장시키겠다. 새로운 변화가

필요하다.'라고 상소문을 올린다. 살펴보건대 불과 3년 전에 4선으로 최고의 대우를 해주었던 장수의 구호도 마찬가지였다. 허황된 구호로 시민들에 아첨하는 출사표는 더 이상 용납 되어서는 안된다.

－「민초의 노래」에서

또한 사회정의와 불합리 앞에서는 불굴의 의지를 불태운다. 대부분의 문학가가 전면에 나서기보다는 한걸음 비켜서서 관소하는 모습으로 사회에 참여하지만 박길중은 그렇지 않다. 일제의 만행에 울분을 토하며 울기도 하고, 썩은 정치인에겐 정의의 칼날을 내민다. 그의 펜은 사회로의 관여에 결코 망설이지 않는다.

통영 사람, 통영 사랑

학익진(鶴翼陣)법으로 왜군을 맞이했던 임란의 시대를 품에 안고, 고요와 격정의 공간에 그 섬은 있다. 대첩의 현장을 생생하게 지켜보며 자라던 나무들 자취 감추고, 판옥 함선을 닮은 바위 하나 430년 전을 되살려낼 듯 한산섬을 의연히 바라보고 있다. 그는 통영과 견내량을 사이에 두고 마주 바라보는 거제시 둔덕면 화도 출신이다. 교통이 발달하지 못했던 시절 화도는 행정구역으로야 거제에 속했지만 주 생활 근거지는 통영이었다. 그래서 그는 통영 사람으로 자처하며 누구보다 통영을 사랑한다.

지역축제에서 벗어나 전국의 대표축제로 발돋움시켜 내기 위한 통영시와 기념사업회의 각고의 노력은 이미 최우수의 단계를 넘어서고 있다. 그리고 닷새간의 일정으로 진행되는 행사 기간 동안 날자 별로 갖가지의 프로그램들이 구성되어 대첩의 의미를 살려내려는 노력의 흔적도 곳곳에서 뚜렷하다.

그러나 60회 가까이 행사를 치르는 동안 진정으로 장군의 우국충정을 주제로 행사를 치른 적이 있었는가? 크게 싸움에서 이겼으니 축하의 제전을 펼쳐서 볼거리, 먹거리, 즐길거리 만을 천편일률적으로 제공하는 축제의 장으로 변해가고 있지는 않은지? 곰곰이 손을 얹어 방향의 더듬이를 조심스레 해야 하는 지금이다.

-「우국의 노래」에서

통영의 대표적인 행사 통영한산대첩축제이지만 그의 눈에는 못마땅하기만 하다. 하려면 제대로 하라는 이야기다. 이순신 장군과 왜란 관련으로 한산도가를 포함하여 18수의 시조창이 있으니 이도 축제에 적극적으로 활용하라는 말이다. 이충무공의 나라 사랑을 이제는 소프트웨어적으로 활용할 시기가 도래했다는 말에는 절로 고개가 끄덕여진다.

통영에서도 중섭의 흔적을 재현해 내려는 시도가 복숭아나무를 타고 오르는 아이들과 함께 희미하게 떠올랐다 사라져간다. 예향을 지키는 화백들의 상상력 고갈인가(?). 훨씬 더 자유롭고 풍부하게 중섭을 그려낼 수 있을 것인데, 중섭이 머물면서 창작의 심지를 돋우던 '나전칠기 기술원양성소'를 스쳐 지나면 여전히 허전한 마음만 낙엽

이 되어 쌓인다. (중략)

지금 통영의 예술인들은 감옥에 갇혀있다. 아니, 스스로 감옥행을 자처하고 있다. 자기도취의 늪에서 헤어나지 못하고 있다. 유아독존(唯我獨尊)이다. 한때 강단(剛斷)으로 세상을 버텨내던 아름다운 소리꾼들은 겨울 코스모스로 시들어 버린 지 오래되었고, 다시금 고독한 계절을 기다려야 하는 처지에 놓여있다. -「둥섭의 노래」에서

대여(大餘), 당신을 시인으로 이끌어 주었던 경험을 고향 통영에 남겨놓지 못한 절실한 안타까움 하나가, 마저 갚지 못한 고향 빚으로 남아있습니다. 늦지 않은 말년에 고향으로 돌아올 수가 없었다면, 그래서 고향의 문인들과 함께 대화라도 한 번 나누는 자리를 만들 수 있었다면, 그 목소리 쟁쟁하여 당신의 기일(忌日)에 울려 퍼질 수 있을 것을….

언어로부터의 해방을 꿈꾸며, 절대의 자유를 누리고 싶어 했던 당신의 엄숙한 철학을 당신의 고향 후배들에게 살아생전 육성으로 조금이라도 남겨놓았더라면. 돌아가는 배를 타고 돌아왔어도 괜찮았을 당신의 고향은 아직도 왜? 말년을 고향에서 보낼 생각을 하지 않았는지 애석히 여기고 있습니다. -「꽃의 노래」에서

청마, 고향 땅 통영을 새색시 마음으로 꽃같이 그리워했던 사람. 언젠가 당신께서도 정운(丁芸)을 생각하며 걸었을 해방다리를 지나면, 당신의 이름으로 새겨진 옛 그림자가 나타납니다. 당신의 향기를 그리워하는 사람들의 애틋한 손길이 빚어놓은 동판 위로 새겨진 교가(유치환 작사, 윤이상 작곡)들입니다. 두룡초등·통영초등·진남초등·충렬초등·통영여중고·통영고·유영초등. 당신의 의지를 확인이라도 하

려는 듯, 굵어진 빗줄기는 새겨진 글자마다에 다시금 바늘이 되어 한 땀 한 땀 수(繡)를 놓듯 파고듭니다. -「청마의 노래」에서

그는 또 통영과 연고가 있는 예술가들이 제대로 대우받지 못하고 있음도 한탄하고 있다. 화가 이중섭, 시인인 대여 김춘수, 청마 유치환, 음악가 윤이상의 푸대접을 질타하고 있다. 이는 그가 얼마나 통영을 사랑하고 통영의 발전을 염원하고 있는지에 대한 방증인 셈이다.

나가며

박길중의 수필집 『24시 편의점』에는 38편의 수필이 수록되어 있다. 생활의 근거지인 통영을 바탕으로 고향에 대한 사랑과 애정, 가족애, 기행, 사회참여 등의 다양한 방면의 글들이다.

그의 작품을 읽고 있으면 묘하게도 어떤 열정을 느끼게 된다. 결코 희망적으로 말하지 않지만 무엇인가 이루어질 것 같은 역설이 숨어있다. 사회를 향한 일성에서 맛보는 대리만족의 통쾌함이 있다. 거침없이 내뱉는 쓴소리에서는 같은 문학가로서의 부끄러움도 있다. 무엇이든 참여하고 싶어 하고, 어떤 일이든 최선을 다하는 그의 열정을 보며 나이는 그야말로 숫자에 지나지 않음을 알게 된다.

그의 그침 없는 행보가 앞으로도 지속되기를 기대해 본다.

24시 편의점

박길중 수필집

2022년 9월 25일 초판 인쇄
2022년 9월 30일 초판 발행

지은이 / 박길중

발행인 / 강병욱
발행처 / 도서출판 교음사

03147 서울 종로구 삼일대로 457 수운회관 1308호
Tel (02) 737-7081, 739-7879(Fax)
e-mail : gyoeum@daum.net
등록 / 제2007-000052호

* 잘못된 책은 바꿔 드립니다. 값 12,000원

ISBN 978-89-7814-873-3 03810

후원

경상남도 GYEONGNAM 경남문화예술진흥원

- 이 도서는 경남문화예술진흥원의 문화예술지원을 보조받아 발간되었습니다.